# 股权的力量
The Potency of Equity Shareholding

陈金恩 著

图书在版编目（CIP）数据

股权的力量/陈金恩著. -- 北京：企业管理出版社，2025.2. -- ISBN 978-7-5164-3245-7

Ⅰ.F271.2

中国国家版本馆CIP数据核字第20255ME338号

| 书　　名： | 股权的力量 |
|---|---|
| 书　　号： | ISBN 978-7-5164-3245-7 |
| 作　　者： | 陈金恩 |
| 责任编辑： | 张　羿 |
| 出版发行： | 企业管理出版社 |
| 经　　销： | 新华书店 |
| 地　　址： | 北京市海淀区紫竹院南路17号　　邮　编：100048 |
| 网　　址： | http://www.emph.cn　　电子信箱：504881396@qq.com |
| 电　　话： | 编辑部（010）68456991　　发行部（010）68417763 |
| 印　　刷： | 三河市荣展印务有限公司 |
| 版　　次： | 2025年2月第1版 |
| 印　　次： | 2025年2月第1次印刷 |
| 开　　本： | 710mm×1000mm　1/16 |
| 印　　张： | 17 |
| 字　　数： | 200千字 |
| 定　　价： | 68.00元 |

版权所有　翻印必究·印装错误　负责调换

# 推荐序 Recommendation Preface

陈金恩先生积多年商界实操经验精研而成的心得之作——《股权的力量》，终于付梓成书，这是一件值得欣慰的事。他交嘱我为其大作写序，这无论是从我的身份经历还是专业知识来讲，都实属勉强，有道是隔行如隔山，但有感于陈金恩先生对事业的执着和对朋友的真诚，尤其是他对军队和军人的热情付出和不解之缘，我还是欣然接受了他的嘱托，以此浅显的文字表达对好朋友的敬重和对其新作出版的祝贺。

滥觞于 20 世纪 50 年代的信息革命加速推进了人类商业发展的历史进程，飞速进步的数字化、智能化、AI 技术更是翻开了商业文明的新篇章。大众创业、万众创新如火如荼，行业迭代、技术升级方兴未艾，身处发展新时代的中国如此，世界同样如此，营商已然成为国际社会共认的"全民职业"，社会无处不弥漫着经商言商的气息。

从哲学的角度来讲，我们无须评判这一现象的对错，只能由表及里、就事论理，去探寻和研判其内在规律，况且商业活动确实起到了推动社会发展的重大作用。

既然谈商业文明，就理所当然要对商业文明的主体——人，亦即"老板和员工"进行研究。而研究他们，"利益追逐"则是绕不开的话题，只有各方"利益追逐"趋于公开、公平、公正、合理、稳定时，商业活动乃至商业文明才会有质的跃升。然而，在残酷的现实商业活动中，要想达到上述目标何其艰难。

中国有句名言，大意是：世事多艰，但自古不乏为民请命者。正是带着这份情怀，陈金恩先生迎难而上，在认真研究商业理论的基础之上，对大量国内外企业的真实案例进行了广泛的调查与解析，特别是对股权及相关问题进行了长期深入而全面的思考，形成了自己较为系统的理论认知并结集成书。

此书第一板块主要讲述股权架构，力助读者破除对股权的一些误读，新建对股权架构的认知模型。第二板块主要讲述股权激励，力助读者认清股权激励的优劣，并适时应用于实践指导。第三板块主要讲述股权融资，力助读者对股权融资的理论及实操有更深层的了解。这些理论认知是陈金恩先生多年的心血结晶，也是他30多年商业活动的经验总结。

祈望他的这一佳作能为即将进入或是已经身处商界的朋友，抑或是未来有意从事商业活动的人们提供一些有益的帮助。

*王毅*

**2024年深秋于沪上**

（注：王毅将军原任职于中国人民解放军南京政治学院）

# 自序   Author's Preface

夜幕低垂，万籁俱寂，历时一年多的写稿生活接近尾声。当我完成这篇自序的时候，本书的撰写工作也将画上句号。

看着20多万字的稿件，我感触颇多。此时此刻的我，沉浸在思想的海洋里，从企业的股权想到了企业管理的方方面面，想到了自己经营企业多年来的经验心得，想到了自己一路走来的成长经历，想到了正在运营的新项目"酒茶香幸福工坊"，也想到了中国传统文化以及关于"道"的论述……

思考良久后，我决定在这篇序言里面不再讲述有关股权的话题，而是从另一个角度和大家聊聊我自己的经历，聊聊我从商多年来的主导思想"铁杆精神"，聊聊我目前开展的项目，以及中国的传统文化。

这些内容看似与本书的主题关系不大，却是我内心的所思所想。如果说分析企业的股权是"术"的话，那么一个人的成长历程及其背后的思想，便是"术"形成的原因，而对于中国传统文化的信仰，归根结底，更是驾驭"术"背后的"道"。出于这样的信仰，才有了我经营企业的一系列思维和策略。

### "铁杆模式"的第一层含义：做人做事的韧劲

20世纪70年代，我出生在江苏一个并不富裕的农村家庭。上学的时候，为了能够挣点钱，闲暇之余，我常常步行18里地，到隔壁一个镇上批发一袋"米棍"（因为那时候年纪还小，只能背一袋，里面大概有100根），然后又步行回去。因为不好意思在自己的村里卖，所以便去到隔壁村，甚至到更远的村子里挨家挨户地叫卖。

我算过，如果顺利地卖完这袋"米棍"，就可以赚上几毛钱，能够改善一下家里的生活。这个过程中，我到底走了多少路，现在已记不清了，只记得每次卖完回家后，都趴在床上半天不想动。

那时候的日子确实很苦，却在无形中锻炼了我的意志。多困难的生活、多劳累的工作，我都经历过，如果改变不了环境，那么只有坚韧地面对这些困难和挑战，迎难而上，才是最好的出路，才能让自己跳出困境，开辟一片新的天地。

所以，从商后我一直在企业里提倡"铁杆模式"，这不仅是我现在从事的项目"酒茶香"的商业模式，它还有另外一层含义，就是做人、做事首先要有韧劲，就像"铁杆"一样，要有自己的原则和坚守，不能轻易地因外在压力而弯曲。放眼古今中外，但凡取得成功的人，没有一个不是靠着非凡的韧劲，在一次次的挫折中站起来，朝着自己的目标前进，最后取得成功的。

### "铁杆模式"的第二层含义：真心、真意、真情

2004年，我离开所在的企业，出来创业。大部分人创业的原因无非是想改善自己的生活，而我并非如此。在我的内心里有一个强烈的

渴望，就是要创造一个真诚以待、让大家都信任的品牌。

于是，我找到一家生产商，跟他们合作，由他们生产热水器，我和团队负责市场销售。随着销售网点越来越多，生意越做越好，热水器的质量问题便接踵而至，很多客户开始直接拨打我的电话投诉。

那时候我最害怕的就是接到顾客的电话，因为他们投诉的问题我不懂，更不知道如何去解决。那段时间，我真正地体会到"战战兢兢、如履薄冰"的含义。不少人看到我苦恼万分，便劝我说：你做好市场销售就行了，产品的质量问题跟你没有关系，就让客户直接找厂商吧。这些话听起来很有道理，可是我的内心过意不去。客户是因为信任我们，才会购买我们的产品、跟我们合作，如果有了问题视而不见、袖手旁观，又怎么对得起他们的这份信任，以后还怎么合作呢？思考良久后，我决定组建一个技术团队，参与到产品的生产过程中，目的就是让顾客因为使用我们的产品而感觉生活更美好。

所以，在我倡导的"铁杆模式"里，除了做人、做事要有韧劲之外，还有第二层含义，那就是待人接物一定要真心、真意、真情，要把每一个顾客当作"铁杆兄弟"来对待，这样反过来会倒逼我们去分享给他们好的产品、好的品质、好的价格。这样的分享，本质上已经超越了利益的驱使，而是源于情感。只有这样，路才会越走越宽，越走越长。

**"铁杆模式"的第三层含义：心零售**

2020年，我开发了新项目"酒茶香幸福工坊"。酒、茶、香这三种产品都是中国传统文化的载体，酒通性情、茶通心灵、香通信仰，是人们情感诉求和精神追求的体现。与其他传统文化如京剧、书画等相比，这三种产品也是传承中国文化最广和最深的，并没有文化阶层之分，雅俗共赏。

比如喝茶，不管你懂不懂茶，都可以约上三五知己坐下来品啜，在品茶的过程中，话题就打开了，大家的距离也拉近了；酒更是如此，推杯换盏把酒言欢，相互之间真情流露；至于香，大至古代皇帝祭天、祭祖，小至到寺庙里面拜佛，都要上香，这也是对传统文化的一种传承。

因此，我把"铁杆精神"嵌入"酒茶香幸福工坊"这个项目里，并为此设计了新的商业模式，称之为"铁杆店商心零售"，这也是"铁杆模式"的第三层含义，"铁杆"代表着真感情和黏性，意味着人与人之间的紧密关系和感情信任，这远远超越了商业或生意的狭隘范畴。

酒茶香的核心是"铁杆店商"，通过社区店和亿万家庭产生连接，秉承"自觉利他，成人达己，共同富裕"的价值观，以心为本、以善为根，通过"专业的、源头的、大家的"措施，打造出千城万店的商业体系，"用真心做生意，做真心的生意"。

**中国传统文化是企业经营之魂**

中国的传统文化源远流长，一直传承至今。为什么它具有如此强大的生命力，甚至影响到世界上众多的国家？其中重要的一点就是，"家"是中国人磨灭不掉的文化基因，具有强大的向心力和凝聚力，可以说，世界上没有哪一个民族像中华民族那样重视"家文化"。所以，中国的很多节日都有家庭团圆、缅怀先人之寓意，而且中国人也有编撰家谱，记录家族渊源的习惯。

"家文化"不仅体现在中国人的家庭里，还体现在企业里。一家企业要想具有强大而恒久的生命力，就必须把企业打造成一个"家"，把"家文化"灌输到企业的文化里，让每一位员工都觉得自己是这个家庭中的一员，"家"的发展好坏和自己息息相关。本书讲到的把企业的股权分享给员工，让员工成为"家"的主人，就是"家文化"的一个体现。

回顾浩瀚的中国传统文化，我们不难发现，古人所说的"道"贯彻始终。"道生一，一生二，二生三，三生万物"，无论是做人也好，经营企业也罢，只要与"道"相合，就符合了万事万物的发展规律，就会生生不息、繁荣发展下去，这就是企业经营的"魂"。

是为序。

陈金恩

2024年8月于上海

# 前言 Preface

本书围绕股权与股权激励，通过一个个具体的案例来讲述其背后的法则和实战技能，所以我们首先要搞清楚什么是股权、什么是股权激励。正如人们最常用的一种方法论——抓主要矛盾，主要矛盾解决了，次要矛盾就会迎刃而解。股权与股权激励，就是本书的主要"矛盾点"，解开了这两个"矛盾点"，其他的问题也就不是什么大问题了。

那么，股权究竟是什么权？

说起股权，就不得不提企业。组成一个企业，要到工商管理部门（现在叫市场监督管理局）去登记注册。现代企业在一般意义上是以有限责任公司为主要组成形式。大家都知道，企业是以盈利为目的的社会经济组织，这个组织在注册时，有出资人和出资额度等方面的要求。如果是一个人全资出资，就是个人独资公司；如果有两个以上出资人，就是股份有限公司。出资人依照出资金额多少，在企业中占有对应的股份，享有对应的股权。所以，股权和股权激励涉及的主要是有关企业创办、经营和发展的事宜。

股权有广义和狭义之分。前者是指股东得以向公司主张的各种权利，后者则仅仅指股东基于自身的股东资格而享有的、从公司获利并参与公司经营管理的权利。股权的范围包括资本收益权、参与管理权、知情权、股东诉权，以及优先购买权、异议股东回购请求权、新增资本优先认购权等。

人类社会在不断地前进，从自给自足的自然经济，进入商品经济和市场经济，企业在社会发展中应运而生。最初的企业组成形式多是家族式，慢慢地发展出股份制。可以肯定地说，股份制是人类的一项伟大的企业制度设计和经济制度发明，它能够有效地调动社会资源，高效地创造社会财富，推动人类社会的进步。而有了股份制企业，也就相应地有了股权激励的制度安排和精彩故事。

股权激励机制于20世纪60年代首先兴起于自由市场经济发达的美国。所谓股权激励机制，就是给予管理层（也就是我们常说的职业经理人与职业经理人团队）股权和股票等，以使管理层和股东的利益绑定在一起，帮助企业引进并留住人才，从而确保企业长远稳定发展。这种制度安排一经出现，便被许多学者尤其是学院派学者大加追捧，认为这是解决管理层和股东不能形成合力问题的一剂良药。

理论很丰满，现实却很骨感。虽然从全球范围来看，这是一种通行的企业激励人才、留住人才的制度和办法，但它也并不是被所有人都认可。巴菲特就直截了当地说："股权激励计划只是富了高管们的腰包，却没有真正提高公司的业绩水平。"而且，实施股权激励机制的道路也并不平坦，有各种各样的"坑"，稍有不慎就会掉进去，轻则造成经济损失，重则"死无葬身之所"。

本书所要讲述的，就是股权与股权激励的利弊得失，并从实战的角度出发，把具有可操作性的股权设计与激励的具体思路、方法等告诉你，教你如何规避这些风险，兴其利而除其弊。

作为老板，可以把其他事情都交给别人来做，但唯独股权激励必须亲力亲为、全程参与，而且自己必须知道为什么分和怎么分。有的老板很有格局，一开始就拿出50%的股权分给大家，结果适得其反，不仅没有激励团队的干劲带来业绩成长，反而还养出了一批与自己作对的人，甚至有的老板把企业的控制权都失去了。所以，股权并不是老板有格局就能分好、分明白，也不是说你舍得就会有好效果、好结果。股权激励需要系统的理论支持和完善的操作方法。做好了可以留住人才，让公司取得超常规发展；做得不好，则会赔了夫人又折兵。

股权是一家公司最重要的资源，如果说股东是一个企业的最高权力拥有者，那么股权就相当于其手中的权杖。权杖是权力的象征，但并不等于说拿到了权杖就一定掌握了权力。如果权杖完全被一人所掌控，拥有者就可能成为孤家寡人，难以调动起其他人和资源的积极性；如果权杖由多人掌控，则又容易出现政出多头、九龙治水的局面。

如何把握好集中与分散、控制与调动的平衡和分寸，是公司治理的一门学问。学习股权设计和股权激励，就是让企业老板掌握并应用好这一权杖。

不同的公司面临的治理问题各不相同，而我们在学校学习到的传统公司治理教材基本上是以介绍欧美的经验为主，尤其是以股权分散的上市公司作为样本展开的，在面对我国这样独特、复杂的治理环境时，往往不太适用。对此，我在书中做了特别设计，且选用的大多是我们本土的案例，就是你知道且熟悉的那些企业。

具体来说，本书的内容主要包括三个部分。

第一个部分是股权架构篇，将会带你破除对股权的一些认知误区，厘清一些股权架构的雷区，建立起对股权架构的认知模型，让你站在高处重新理解股权。

第二个部分是股权激励篇，从为什么要做股权激励说起，带你走出股权激励的误区，然后阐明股权激励实施落地的细节，以及股权激励的短板和力所不能及之处，让你对股权激励有一个全方位的认识。

第三个部分是股权融资篇，将为你解释为何要让资本来分你的蛋糕以及该如何分，融资又有哪些门道，具体实施时有哪些是要特别警醒的，让你对股权融资有更深层次的认知。

# 目录 Contents

## 第一部分 | 股权架构篇
### 站在高处，重新理解股权

**第一章　股权究竟是什么权** ......................................... 003
　　第一节　从创始人廉价转让18%股权说起 ................004
　　第二节　股权的本质是什么 .....................................008
　　第三节　整合股权架构，对接有用资源 ...................011

**第二章　老板的安全线在哪里** ..................................... 013
　　第一节　公司治理的7条"生命线" ..........................014
　　第二节　国美控制权争夺大战 .................................018
　　第三节　股权的开始就是结束 .................................022

**第三章　怎么打破股权架构的死局** ...............................026
　　第一节　股权架构的五大死局 .................................027
　　第二节　被动+主动，打破股权架构的死局 ............033

**第四章　找什么样的合伙人** ........................................ 038
　　第一节　出钱少出力，还是出力少出钱 ..................039
　　第二节　一言堂，还是元老院 .................................042

001

第三节　上了一条船，就都是兄弟了吗 ................................ 046
　　第四节　丑话一定要说在前面 ................................ 051
　　第五节　老板的格局决定公司的格局 ................................ 053

## 第二部分 | 股权激励篇
### 解放老板，成就员工

第五章　为什么要做股权激励 ................................ 059
　　第一节　什么是股权激励 ................................ 061
　　第二节　股权激励带来的价值 ................................ 063
　　第三节　晋商乔致庸的股权激励 ................................ 069

第六章　走出股权激励的误区 ................................ 073
　　第一节　不懂股权激励的七大痛点 ................................ 074
　　第二节　股权激励的错误认知 ................................ 078

第七章　股权激励的内容和模式 ................................ 085
　　第一节　股权激励的内容 ................................ 086
　　第二节　股权激励的模式 ................................ 087
　　第三节　华为的股权激励思想 ................................ 092

第八章　对内和对外股权激励的秘籍 ................................ 096
　　第一节　对内股权激励的六大招数 ................................ 097
　　第二节　对外股权激励的合纵连横 ................................ 107

第九章　股权激励的魔鬼细节 ................................ 113
　　第一节　股权激励有哪些原则 ................................ 114

第二节　股权激励计划"六定法" ..................116

　　第三节　做股权激励有"地图" ....................124

第十章　股权激励不是"万金油" ........................128

　　第一节　股权激励计划的弊端 ......................129

　　第二节　用人力资源的思维来看待股权激励 ..........130

　　第三节　爱尔眼科的合伙人计划 ....................133

# 第三部分 | 股权融资篇
## 把蛋糕做大了再分

第十一章　为什么要让资本来分你的蛋糕 ................141

　　第一节　股权融资是为了做大蛋糕 ..................142

　　第二节　腾讯、携程和格力的融资之路 ..............146

第十二章　股权融资前的准备 ..........................151

　　第一节　明确融资要达到什么目的 ..................152

　　第二节　要对融资价值理解透彻 ....................154

　　第三节　融资材料要准备齐全 ......................155

　　第四节　如何写财务预测书 ........................160

第十三章　设计好你的股权架构 ........................166

　　第一节　搭建合理的股权架构 ......................168

　　第二节　发挥章程应有的作用 ......................173

　　第三节　股权架构中的股权分类及分配 ..............176

　　第四节　股权架构中的股权激励 ....................180

- 第五节　股权架构中的股权分红 ……………………………… 182
- 第六节　股权架构中的股权退出 ……………………………… 186
- 第七节　避免股权融资协议中的陷阱 ………………………… 189

## 第十四章　股权融资的实用技巧 …………………………………… 193

- 第一节　股权融资的四小类 …………………………………… 195
- 第二节　股权融资的选择技巧 ………………………………… 202
- 第三节　找到最适合和合理的商业模式 ……………………… 211
- 第四节　坚定企业发展路线，用谈判策略获得投资人认同 … 215
- 第五节　优信拍高管以个人魅力拿下高额融资 ……………… 219
- 第六节　筛选靠谱且合适的投资人 …………………………… 221

## 第十五章　如何为企业估值 ………………………………………… 225

- 第一节　为企业做估值的窍门和秘诀 ………………………… 227
- 第二节　常用的估值方法 ……………………………………… 230
- 第三节　森马服饰站在大局角度做企业估值 ………………… 234
- 第四节　融资条款的重点是对赌协议 ………………………… 236
- 第五节　制定合理的退出机制 ………………………………… 239

## 后记 …………………………………………………………………… 251

# 第一部分

## 股权架构篇

### 站在高处，重新理解股权

股权架构的设计目的就是要让老板离钱近、离是非远。

# 第一章　股权究竟是什么权

股权，从字面上看，就是有限责任公司或者股份有限公司的股东对公司享有的人身和财产权益的一种综合性权利，即股权是股东基于其股东资格而享有的、从公司获得经济利益并参与公司经营管理的权利。

股权也对应着公司的控制权，即拥有管理参与权。再者，股权是资本运作的核心工具，具有金融资源的属性，能够在资本市场上获得成倍的溢价。

事物总有两面性，权力的背后也意味着责任，对于股东来说，拥有的股权比例越高，就要承担更多的责任和风险。如果公司赚不到钱，股东的股权可能就会一文不值；如果公司破产，股东还要在法律上承担有限责任，赔掉自己的出资额；如果公司股东严重损害债权人利益或者社会公共利益，那么在某些法律认定的情况下是要承担连带责任的。

## 第一节　从创始人廉价转让18%股权说起

在了解股权那些"乱花渐欲迷人眼"的定义之前，先看一个关于股权的故事。

1994年，在四川简阳，有两男两女4个年轻人凑了8000元钱，开了一个火锅店，4个人平均分配股份，也就是说每个人各占25%。后来，4个人结成了两对夫妻，组成了两个家庭，每家各有50%的股权。

这个火锅店，就是许多人都曾光顾过、如今全国各地都见得到，甚至已经开到海外的海底捞。

这两对夫妇，就是张勇夫妇和施永宏夫妇。他们刚创立火锅店时，并没有想到有一天会把火锅店做得这么大，不仅做到了海外，还做成了上市公司。

仅有技校文凭的张勇的创业史，在今天看来非常励志，也曾有人以他的经历为素材写过畅销书。虽然学历不高，但是张勇在做企业方面，尤其是在企业的股权设置与掌控方面有着过人之处。

火锅店刚开业时，是4个老板在一起干，后来，逐渐由领导力最强的张勇来执掌大权。到2007年，海底捞已经发展成为国内顶级的餐饮企业。这时，张勇提出了一个看似非常过分的要求，让施永宏夫妇把手中的部分股权转让给自己,额度是18%。更过分的是,按海底捞当时的财务情况,这18%的股权具有上亿的价值,可是张勇却要用最初注册时原始出资的价格来购买,总价不过1000多元。

施永宏夫妇居然同意了这个要求,真的把18%的股权以原始价转让给了张勇。

我现在讲这个故事,绝不是要宣扬张勇如何厉害、如何强势,以及施永宏夫妇如何大度和忍让,而是要探究"故事里的是非",通过它解析什么是股权的本质,让大家明白海底捞这段股权转让的传奇故事为什么会发生。

首先,我想问3个问题。

第一,施永宏为什么愿意放弃上亿价值的股权?

第二,为什么张勇要夺走施永宏的股权?

第三,为什么张勇要求的股权不多不少,正好是18%?

弄清了这3个问题,你就会了解股权的本质是什么了。

因为信息不对称、利益不一致的问题始终存在,所以公司制度是不可能完美的。而且它还有一个缺陷,就是契约不完全。这是哈佛大学教授哈特和他的合作者们提出的,该理论获得了2016年的诺贝尔经济学奖。

什么叫契约不完全呢?按照哈特教授的观点,企业是由一系列契约组成的,但是因为人的理性有限、未来不可预测、签约双方理解的不同等,合同不可能把未来可能发生的所有事情都考虑进去,写得明明白白。

拿海底捞来说,给员工发完了工资,给债务人还完了债,给国家交完了税,把所有按照合同该分配的钱分完后,才轮到张勇和施永宏他们几个股东来分剩下的钱。但是能剩下多少钱呢？合同根本不可能说清。

经济学上认为，这些剩下的钱归谁，谁就掌握了"剩余索取权"。因为股东最后才能分享公司剩余的利润，所以"剩余索取权"这种制度设计，实际上是对股东的激励。公司干得好，他们就能多分，甚至能够分很多；如果公司干不好，他们就分不到钱，甚至还要赔钱。所以股东承担的风险最大，也是最有动力把公司干好的人，不需要任何人去监督他们。

这么看来，你就可以理解施永宏夫妇为什么会愿意把上亿价值的股权几乎白送给张勇了。这是基于他们对张勇的能力和动力的判断。他们要判断张勇在拿到那18%的股权后，会不会创造更多的剩余价值。

事实证明，施永宏夫妇转让股权是一次非常正确的决定。他们判断张勇拿到那18%的股权后，会更好地经营企业，他们的股权虽然比例小了，但是绝对值大大增加了。

2018年9月26日，海底捞成功上市，当天的市值是945亿港元，施永宏夫妇虽然转让出去18%的股权，但剩下的股权市值仍然高达250多亿港元，一下子就进入了亿万富豪之列。如果当初他们不同意转让股份，张勇就可能会和他们分道扬镳，海底捞也就不可能有上市的结果，股权再多也成空。

美好的结局也证明了，施永宏夫妇是有大智慧的人。

那么，张勇为什么要争夺这18%的股权呢？除了获取更多的剩余利润外，张勇还有什么考虑吗？这就需要再介绍一下哈特教授提出的另一个概念，叫剩余控制权。

比如，海底捞到底要不要上市，发展到什么阶段上市，这种事情都是公司最重大的战略决策，但是在合同里又没法去做约定，那么，谁能决定类似的事情，谁就掌握了公司的剩余控制权。说白了，公司的最终表决权，就是公司最大的控制权。

公司最大的控制权能交给经理吗？从股东的角度来看，不能。

原因很简单，很多事情因为合同规定不到、约定不了，经理很有可能会懈怠会偷懒，为自己谋私利，或者胡乱做决策。比如，经理很有可能把钱都花掉而常年不分红，这样就会伤害到股东的利益。所以，剩余控制权也应该归股东所有，如果不把最终表决权交给股东，股东们是不敢拿出钱来投资办企业的。

不仅如此，经济学家还认为，剩余索取权和剩余控制权必须要对应。在海底捞，张勇是掌控大局的人。最初的原始股权设置是4个人平均分配，后来又是两个家庭平均掌握，这种股权结构对于企业发展可以说非常不利，或者说是弊远大于利。在企业的决策中，最终的话语权是由股权多少来决定的，两家均分股权，就难以分出主次，如若两者各不相让，可能就会使企业分裂。

张勇是海底捞的董事长，承担着重大的责任和压力，他这一方却只有50%的股份，和施永宏夫妇的股份一样，这显然是不合理的。只有让张勇掌握了对企业的控制权，拥有了与他的贡献相对等的价值索取权，才能让其得到激励，他才会更有心劲把企业做好做大。如此，我们也就可以理解张勇为什么要争夺这18%的股权了。

## 第二节　股权的本质是什么

看完上面的例子，感慨之余也不禁让我们产生了一个思考，那就是：股权的本质是什么？

哈特教授认为，剩余索取权和剩余控制权加在一起，就是产权。理论上，股东就是公司产权的拥有者，只要是股东，就可以参与利润的分配，并且拥有公司事务的表决权。这样说来，股权的本质就是公司的产权。

为了让大家更进一步地理解股权，我们可以来看前面提出的第三个问题：为什么张勇要求的股权不多不少，正好是18%？

这是因为，在不同比例的股权下，股东拥有的权限是不同的，《中华人民共和国公司法》（以下简称《公司法》）对此有明确的规定。这其中有3个重要的股权比例，需要牢牢掌握。

### 一、绝对控制权

如果拥有三分之二以上的股权，公司所有的重大事项你都可以表决通过。这些重大事项包括修改公司章程，增加或减少注册资本，公司合并、分立、解散或变更公司形式等。

张勇夫妇最初和施永宏夫妇一样拥有50%的股权，又受让了后者18%的股权，一共68%，这样就超过了三分之二，从而拥有了对公司的绝对控制权。

## 二、相对控制权

如果拥有二分之一以上（不超过三分之二）的股权，除了前面所讲的重大事项不能决定外，其他普通事项，在股东会进行表决时基本上都可以说了算。

## 三、重大事项一票否决权

如果拥有三分之一以上（不超过二分之一）的股权，别人就不会有三分之二以上的股权，相当于你拥有了对于重大事项的一票否决权。

我们一定要牢记这 3 条股权比例线：三分之二以上；二分之一以上；三分之一以上。

这 3 条线对于企业创始人和老板来说，是掌握企业和自己命运的生死线。有相当多的公司创始人在进行股权架构设计时，没有守住这 3 条线，最终失去了公司的控制权。教训是沉重的。

除了表决权，与控制权有关系的股东权利，还有管理的参与权。股东持有 10% 以上的股份时，可以申请召开临时股东大会；持有 3% 以上的股份时，可以提出股东大会的临时提案；持有 1% 以上股份的股东，如果认为公司董事、监事和高管等侵害了公司利益，则可以直接以自己的名义向法院提起诉讼。

此外，只要是股东，就有知情权。知情权包括查阅公司章程、股东会议记录、董事会和监事会决议，甚至还可能查阅公司的财务报告。不过，很多小股东可能并不知道自己拥有这些权利。

看到这里，也许有人会说，当个股东真好啊，有表决权，有管理参与权，还有剩余索取权，公司干好了，还能像施永宏夫妇那样，坐拥上百亿身家。

等等，先别急着高兴，不能只看到股权的权利一面，还要看到股权背后的责任和风险。股权的权利和责任是对等的。权利越大，责任越大，相对应的风险也就越大。张勇的股权多了，压力也就更大了，他要承担管理和决策的责任与风险。

除此之外，在法律上股东们还要承担哪些风险呢？

前面说过，股东们是最后才分享剩余利润的，如果公司不赚钱，那股权就分文不值，股东们也就分不到钱。如果公司不幸破产，股东们在法律上还要承担有限责任，要赔掉自己的出资额。这是一个最基本的风险。

如果公司股东严重损害债权人利益和社会公众利益，在法律认定的某些情形下，是要"刺破公司的面纱"，股东们就不能够再躲在面纱的后面，而是要承担法律上的连带责任。

最后做一总结，股权的本质就是公司的产权，包括剩余索取权和剩余控制权，剩余索取权必须和剩余控制权相对应；股东的控制权包括表决权和管理参与权，在表决权上，要牢记3条股权生死线；股东的股权背后，有对等的责任和风险。

了解了什么是股权的本质，我们就会知道，用权杖来比喻股权是多么的贴切和形象。在企业中，掌握最多股权者，就如同拥有了企业这个小"王国"的最高权力，掌控了企业所有的资源，以及对企业中其他人的指挥权和领导权。把控好这个权杖，就能让企业健康发展壮大。

## 第三节　整合股权架构，对接有用资源

站在投资人的角度来说，投资实际上是在投人，而投人很大程度上是投股权架构。股权架构是对接所有资源的一个载体，对内是团队、技术，对外是资本、渠道，这些都可以在股权架构当中体现出来。

一个好的股权架构设计，可以让你对接各种各样的资源，让成功的元素被放大。股权架构设计的目的，其实就是合理地拼接和利用各种资源，实现各种利益相关方的共赢。

股权架构设计有软和硬之分。硬的方面，可能就是一些外部的条条框框，而真正难处理的是软元素。软元素是只有创始人才能搞得明白的东西，比如相互的关系，共同的愿景，到底在做一件什么样的事情，未来如何，希望团队怎么样往前走，这些都是所谓软要素。

所以，股权架构设计一定是软硬结合的产物。硬的方面别人能帮你解决，软的方面靠自己。

股权架构设计不是一成不变的，在不同的阶段需要关注的重点也不同。一家公司从创立到成熟再到上市，中间一般会经历5个阶段，在这5个阶段当中，所要完成的股权架构设计的任务是不同的。

在初创期，主要是设计合理的合伙人股权的初始分配，以及进入和退出机制。

在成长期，考虑的主要是一些股权融资的方法，开始进行天使轮融资，然后是Pre-A轮融资、A轮融资等，那么，创始人也要考虑与

融资有关的股权架构设计。

在成长期的后期或扩张期，应该开始考虑股权激励的方案，尤其是在扩张期，要考虑怎样才能激励你的团队奋勇向前，快速扩张。

到了成熟期，可能是上市前的 Pre-IPO 阶段，或者是 D 轮融资阶段，这个时候股权会被大量地稀释，因为上市前的资本会进来，那么就要考虑怎么减缓股权稀释，怎么平衡各方的利益，还能够保持控制权。

最后就是上市期，可能需要并购、重组，甚至分立出一个新的上市公司等。

每个创业者都知道公司为什么要上市，这固然与投资要退出有关，但是从法律意义上来说，上市最大的意义在于把过去的私募转为公募，让我们可以在公募市场上更容易地获得融资。

我们可以在公募市场上通过定向增发进行重组，或者以持有的公开市场的股票去并购那些未上市的公司，或者和另一个上市公司互相并购，从而使我们的业务链条更完整、市场占有率更大、企业规模更大。所以，到了上市期，所有的资本运作本质上都是股权架构设计，都是通过股权来表现的。

可以看出，股权架构设计这件事非常庞杂，而且需要动态调整，创业公司对此必须要认真考量。

# 第二章　老板的安全线在哪里

在公司治理中，从来不缺"明星"老板，却鲜少有"寿星"老板。不知有多少英雄好汉，都倒在了股权架构的雷区上。

有股权变化公司控制权被夺，最后被踢出公司的；有股权均分，昔日志同道合的合作伙伴在后来的经营中产生分歧，最后对簿公堂一拍两散乃至反目成仇的；有合伙人股权被稀释，心有不甘而拆台构陷，最后落得个锒铛入狱的……凡此种种，都在启示我们：唯有长治久安，做个"寿星"，才是公司治理的王道。

那么，老板们的安全线在哪里呢？

## 第一节　公司治理的7条"生命线"

在股权架构实务中，经常有"股权生命线"的说法，我认为最重要的有7条"生命线"。

### 一、绝对控制线——持股90%以上

在公司内具有绝对多数表决权，其权力范围如下。

（1）召集股东会议，提议召开临时股东会，特定条件下召集和主持临时股东会。

（2）提议召开临时董事会。

（3）选任非职工代表的董事、监事。

（4）决定公司股东会的各项决议（包括利润分配或亏损弥补方案），包括修改公司章程，增加或者减少注册资本，公司分立、合并、解散，变更公司形式。

（5）在公司管理发生严重困难且严重影响股东利益时，向法院提起强制解散公司诉讼。

（6）否决股东向现有股东之外的人转让股份。

（7）否决其他股东要求召开临时股东会决议提议，其他股东不可以自行召集和主持股东会。

（8）限制其他股东强制解散公司诉讼。

## 二、完全控制线——持股三分之二以上

根据《公司法》的约定，三分之二以上表决权可以影响公司最根本的决策，拥有对外担保、对外借款、变更经营范围、增资扩股、修改公司章程等权利。因此，三分之二以上的持股比例就相当于绝对控制权，可以主导修改公司章程，合并、分立、解散或者变更公司形式。当然，公司章程是公司自治的基本法，可以在股权行权基础上做文章，不按照出资比例行使表决权。

持股三分之二以上，可以在公司内具有绝对多数表决权，其权利范围如下。

（1）召集股东会议，提议召开临时股东会，特定条件下召集和主持临时股东会。

（2）提议召开临时董事会。

（3）选任非职工代表的董事、监事。

（4）决定公司股东会的各项决议，包括修改公司章程（包含公司管理架构、经营方式、投资及分配方式等大部分公司事务），增加或者减少注册资本，公司分立、合并、解散，变更公司形式。

（5）在公司管理发生严重困难且严重影响股东利益时，向法院提起强制解散公司诉讼。

（6）否决股东向现有股东之外的人转让股份。

## 三、相对控制线——持股 50% 以上

如果持股 50% 以上，则具有解决某些一般事项的权利，如聘请独立董事、选举董事长、聘请审计机构、聘请或者解聘总经理、调整薪资等，属于相对控制。在公司内具有相对多数表决权，其权利范围如下。

（1）召集股东会议，提议召开临时股东会，特定条件下召集和主持临时股东会。

（2）提议召开临时董事会。

（3）选任非职工代表的董事、监事。

（4）决定公司股东会的决议（包括利润分配或亏损弥补方案），不包括修改公司章程，增加或者减少注册资本，公司分立、合并、解散，变更公司形式。

（5）在公司管理发生严重困难且严重影响股东利益时，向法院提起强制解散公司诉讼。

（6）否决股东向现有股东之外的人转让股份。

## 四、安全控制线——持股三分之一以上

当持股比例超过三分之一的时候，你可以就公司重大事项一票否决，也就是说，在大事上，支持不一定可以成，但是反对则一定成不了。这可以在决定公司根本问题上确保守住安全底线。

持股三分之一以上，其权利范围如下。

（1）召集股东会议，包括临时股东会。

（2）否决多数股东修改公司章程，增加或者减少注册资本，公司

分立、合并、解散及变更公司形式的决议。

（3）在公司管理发生严重困难且严重影响股东利益时，向法院提起强制解散公司诉讼。

（4）不当然享有否决股东向现有股东之外的人转让股份的权利，视具体情况而定。

### 五、临时会议权——持股 10% 以上

这是一项小股东保护措施，可以在大股东不作为的情况下主持局面，提议召开临时会议，提出质询、调查、起诉、清算甚至解散公司。特别要注意的是提出清算公司的权利，这也是对公司最重要的影响力之一。

持股 10% 以上，其权利范围如下。

（1）召集股东会议，包括临时股东会。

（2）在公司管理发生严重困难且严重影响股东利益时，向法院提起强制解散公司诉讼。

### 六、临时提案权——持股 3% 以上

持有公司 3% 以上股份的股东，可以在股东大会召开 10 日前提出临时提案，对公司的经营和决策提出新的建议或方案。其享有的权利包括知情权、选举权和被选举权、提议召开临时股东会、临时提案权、资产收益权、转让出资或股份的权利等。

### 七、代位诉讼权——持股 1% 以上

亦称派生诉讼权,当公司董监高违反法律法规或公司章程,给公司造成损失时,持有公司 1% 以上股份的股东可以以自己的名义直接向法院提起诉讼,维护公司和股东的利益。

## 第二节　国美控制权争夺大战

十多年前,在中国商业版图上,国美可谓风光无二,它以低价销售家用电器为主要竞争手段,把各地众多国营大商场挑落马下,成为国内最大的家电零售企业。创始人黄光裕在国美借壳上市后,一跃成为内地首富。然而,这一切都随着其因涉及经济犯罪入狱服刑而发生转变。

黄光裕入狱后,国美为了保住上市公司的地位,与黄本人进行了脱钩,由 CEO 陈晓接任董事长。陈晓原是上海永乐电器的创始人、董事长,当年在与国美电器的竞争中败北,公司被国美收购,陈晓被黄光裕聘任为 CEO 并进入国美董事会。

陈晓接任董事长后,就开始着手实施"去黄化"行动,即意图将创始人、第一大股东黄光裕及其家族逐出董事会,夺取对国美的实际控制权。一场惊心动魄、一波三折的股权和控制权争夺战拉开帷幕。这一场在创始股东与职业经理人之间涉及巨额资产的企业控制权争夺战,因关联到公司治理结构、经济规则、商业伦理等,一度吸引了整个中国商界的注意力,成为改革开放以来影响最为深远的商业案例

之一。

2009年，在国美资金严重匮乏的时候，陈晓以个人资产为担保为国美取得银行贷款，暂时度过了危机。随后，他又做出了一项在日后引起激烈纠纷的决策——增资扩股，引入战略投资者。

美国的私人股权投资公司贝恩资本以总额18.04亿港元（约16亿元人民币）购买了国美发行的7年期可转股债券，年息为5%。如到期后贝恩转股，将持有国美电器16.66亿股份，占总股本的9.98%，成为仅次于黄光裕的第二大股东。

为了保证收益，贝恩资本与国美做了几项约定，即：陈晓的董事局主席任期至少要保证在3年以上；国美电器不良贷款不能超过1亿元；确保贝恩资本3名非执行董事人选，并不能提名他人接替；陈晓等3名执行董事中两人被免职，则属国美电器违约。一旦违约，贝恩资本就有权要求国美电器以1.5倍的价格，即24亿美元赎回债券。当时，国美电器的流动资金几近断流，引进战略投资可谓正确的选择。

但是，在2010年5月11日国美电器召开的年度股东大会上，第一大股东黄光裕及其家族的代理人，否决了委任贝恩资本董事总经理等3人为非执行董事的议案。黄家的理由是：陈晓是在推动国美电器"去黄化"进程。

就在股东大会否决议案的当晚，国美董事局召开紧急会议，一致同意委任贝恩资本的3位代表重新进入董事会。围绕着贝恩资本代表任非执行董事的问题，黄家与陈晓的矛盾彻底公开化并急剧恶化。

黄家通过其独资拥有的一家公司发布公告，要求国美召开临时股东大会，撤销此前股东大会授予董事局增发20%股份的授权，提名代表其利益的邹某、黄某为执行董事，撤销陈晓董事局主席职务。

陈晓随即做出强硬的反击。他在拒绝董事提名的同时，在香港对黄光裕提起诉讼，核心的一条就是，黄光裕于2008年1月及2月前后，在回购公司股份过程中，违反了公司董事会的信托责任及信任，寻求赔偿。两天之后，国美内部又召开紧急会议，要求管理团队无条件支持董事会。国美的元老们几乎都选择了支持陈晓。

国美的元老们为什么会选择支持陈晓呢？早在一年前，在引进战略资本的同时，陈晓主导下的国美公布了其首次股权激励方案，把总计3.83亿元的股份授予包括分公司总经理、大区总经理，以及国美总部各中心的总监、副总监级别以上的108位高管。其中，陈晓等11名高管获得其中的1.255亿股。以公告当日国美每股的收盘价计算，这一方案总额近7.3亿港元，是当时中国金额最大的股权激励方案。

股权激励的目的本是激励人才、留住人才，促进企业业绩增长和良性发展，在这时却成为争夺企业控制权的一个手段和砝码。得到资本方、董事会和管理层的支持后，胜利的天平开始向陈晓一方倾斜，黄家面临着被逐出公司的凶险境地。

此时，黄家打出了最后两张底牌，也是其手中保留的一个杀手锏。第一，黄光裕个人拥有国美电器的商标所有权，并有权限期收回上市公司的商标使用权；第二，黄家还有近400家国美优质门店的所有权，这些门店属于黄光裕全资的艺伟发展有限公司。如果黄家收回这部分资产，然后重新打包上市，国美将面对一个孪生的竞争对手，而且现国美上市公司还没有权利使用国美品牌。如果黄家最后被迫这样做，无疑是对国美上市公司釜底抽薪。

这是投资者最为忌惮的一种结局。黄家提出了一个解决方案，可以将这近400家门店一并注入上市公司，同意资本方以一定比例参股，而且还可以依照股权比例分享其中的一部分收益。而黄家的条件是：我给投资机构投资收益，投资机构必须抛弃陈晓。黄家与贝恩资本进行了谈判，结果是资本方转为支持黄家，最终赶走了陈晓。陈晓不得不低价卖掉自己在国美的股份，辞去了在国美的所有职务并离开国美。

虽然黄家在股权和控制权争夺战中最后获胜，但国美因此元气大伤，从老大的位置上跌落下来，被京东和苏宁超出。最后不得不向老对手京东低头，进入京东平台，成为京东平台上的一个"店主"，京东投资1亿元购买了国美的股份，另一家电商后起之秀拼多多则购买了国美的可转债，国美还在拼多多上开设了旗舰店。国美虽未完全倒下，却早已风光不再。

国美的股权和控制权争夺战，是中国企业股权设计与股权激励的一堂大课。争夺双方，无论是黄光裕还是陈晓，都曾犯下了致命的错误，虽然他们都曾是企业的创始人，能力与手腕都非常强大，野心和进取心都非常强烈，在争夺中也都依照法律在运作，但是他们在股权设计和股权激励方面，交出的成绩都算不上及格。

黄光裕赢了，赢得非常侥幸；陈晓输了，输得也不冤枉。这场争夺战告诉我们：企业创始人、老板或大股东，必须学习股权设计与激励这门大课，而且必须要学好。

## 第三节　股权的开始就是结束

在中国企业发展史上，雷士照明创始人吴长江失去公司控制权事件，可以算作股权融资的一个反面教材。

创业 11 年，吴长江把公司做到中国行业第一，却 3 次被资本驱逐出自己一手创办的企业。当年的联合创始人、投资者以及与他一起奋斗过的朋友，都与他反目成仇，甚至诉诸法律，最后他本人锒铛入狱。

1998 年，吴长江和两位高中同学杜某、胡某一起出资创办了雷士照明。吴长江出资 45 万元占 45% 股权，杜某和胡某出资 55 万元各占 27.5% 股权。其实，吴长江完全可以再多出 6 万元，占到 51% 的股权，但是他并没有把控制权放在重要位置，在他看来，兄弟情谊才是第一位的，既然一起创业，就不能亏了他人。正是这种只讲义气、不讲商业规则的想法和做法，为雷士照明和他本人挖了一个"大坑"。

2002 年，吴长江决定主动稀释自己的股权，由公司向其支付 1000 万元，把 3 人的股权比例调整为均等的 33.3%。

2006 年，在公司的发展战略上，3 位创始人产生了巨大的矛盾。杜、胡二人希望稳健运营，而吴长江希望快速扩张。3 人在董事会上吵得不可开交，随后杜、胡二人联手，以加在一起的三分之二控股权做出决定，让吴长江拿着 8000 万元离开公司。谁知一周后形势发生逆转，全国 200 多个供应商和经销商，还有雷士照明公司的中高层管理人员，举手表决全票通过让吴长江留下，而杜、胡二人各拿 8000 万元出局。由于供应商和经销商的反水而导致企业控制人的变动，在企业发展史上尚属首次，震惊了整个业界。

吴长江在这一回合的企业控制权争夺战中胜出，但是，也正是杜、胡二人拿走了总计 1.6 亿元的资金，淘空了公司，吴长江后来不得不让出大股东的控制权进行股权融资。

2008 年，吴长江收购了世通投资有限公司，由于现金不足，不得不做股权融资。高盛和软银赛富联合向雷士照明投入 4656 万美元，其中高盛出资 3656 万美元、软银赛富出资 1000 万美元。融资后，大股东变成了软银赛富，吴长江变为第二大股东。

2010 年 5 月 20 日，雷士照明在香港联交所上市。

2012 年 5 月，因为涉嫌关联交易，吴长江被警方带走接受调查。大股东阎某做出决定，让吴长江辞职，自己接任。吴长江以退为进，私下里联合公司的经销商发起反击，在当年 9 月初重返公司。回到公司后，吴长江为了增加企业的实力，选择与德豪润达董事长王冬雷合作。同年 12 月，德豪润达出资 16.5 亿港元收购雷士照明 20% 的股权，成为第一大股东，这其中的 11.81% 股权就是受让于吴长江，吴长江也通过增持，成为德豪润达的第二大股东。

不久，吴长江与德豪润达的关系也开始恶化。2014 年，雷士照明召开临时股东大会，超过 95% 的股东投票支持解除吴长江的董事职务及其在附属公司的职务。吴长江被从雷士照明彻底清理出局。

2014 年 9 月，雷士照明公司公开表示将起诉吴长江涉嫌挪用资金罪或职务侵占罪、背信损害上市公司利益罪、违规披露和不披露重要信息罪。第二年，吴长江因涉嫌挪用资金罪被逮捕。2016 年 11 月 22 日，吴长江因挪用资金罪、职务侵占罪一审被判处有期徒刑 14 年。

从创业英雄到职业经理人，再到最后经济犯罪，吴长江的悲剧，就在于没有能够把握好企业股权设计的生死线。

2011年7月在引进多家投资人后，他的股份已经降到15.33%，这时候记者采访他，问他怕不怕公司会失控。当时他还很自信，说："我从来不担心这一点，投资者非常喜欢我，对我评价很高，非常认同我，非要我来做雷士不可。"由此可见，吴长江对股权设置的游戏规则是多么的漠视，最终自己吞下了自己酿下的苦酒。

通过这个案例，我们来解析一下股权设计中对控制权的安排。

经济学里有一个优序融资理论，什么意思呢？融资首选是内部自有资金，其次是外部债权融资，实在不行才选择外部的股权融资。如果必须进行股权融资，投资人进来的话，肯定不能"又让马儿跑，又让马儿不吃草"，创始人就要把相应的控制权和索取权让渡给投资人。这个时候，创始人一定要记得抓住之前提过的3条生死线，保持一个适当的融资节奏。

同时，创始人一定要学会用时间来换空间。新东方的"三驾马车"，持股比例是俞敏洪45%，徐小平和王强各10%，可以想象，如果不是俞敏洪先把公司做起来，而是一开始就找另外两个人合伙，3个人的股权比例是不会相差这么悬殊的。当然，举这个例子不是让你不找合伙人，今天的创业环境和新东方那时完全不一样，合伙人越来越重要了，创始人要把股权看作公司重要的战略资源，如果可能的话，就不要着急释放。

为什么有那么多创始人都大幅度地稀释自己的股份呢？有的人肯定是无可奈何，因为没有这些钱，公司就发展不了，因此也就不计较股权的比例了。但是在融资与保住公司控制权的问题上，还是可以通过一系列协议的安排来解决的。

  我国的几大互联网公司，如阿里巴巴、京东和腾讯，都有过以股权融资的实战案例。虽然其创始人在公司中都不是绝对控股的大股东，但是他们在股权融资过程中以非常精心的设计，既为公司融来了急需甚至是救命的资金，也成功地掌握了公司的控制权，没有让公司落入外来资本手中。

# 第三章　怎么打破股权架构的死局

俗话说"人无横财不富，马无野草不肥"，对公司来说，则是"企无股权不大，人无股权不富"。

创业者不谈股权，合伙创业就是空谈。因为股权对应的主要就是公司的经营管理权和分红权，而对权力和利益的不懈追求及其矛盾冲突，则是人性的本能使然。

老板不懂股权，就留不住核心人才，也吸引不了优秀人才；公司的股东权责利不清晰，股权结构不合理，一不小心可能就会丧失公司控制权，更不用说通过股权融资为公司事业的壮大添加动力了。

## 第一节　股权架构的五大死局

在创始人股权安排的问题上，经常会遇到一些纠葛，导致出现问题，比如说合伙人的股权到底如何布局。不管多牛的团队，有多好的产品，都有可能因为股权问题而"出师未捷身先死"，因为创业的开场就注定了最终的结局。而且有经验的投资人一看股权的架构和布局的方式，可能就不会投了。即使已经获得过融资，但是如果你不注意解决动态中的股权问题，也会在下一阶段功亏一篑的。

对于股权架构，我总结了常见的五大死局。

### 一、股东太多

"两个和尚有水吃，三个和尚没水吃"，股东过多导致的最大问题是人人有好处，雨露均沾，但是人人都不管。

曾经有一阵子众筹咖啡馆很火爆，大家各出1万元，凑够100万元，然后去北大门口开了个咖啡馆，出了1万元的人都可以去咖啡馆刷卡消费。但这个项目最后变成了每个人都为了那1万元来消费，没人管咖啡馆，没有人会为此负责。

其实，入股的人应该全职经营，而且一定要找出一个"领头羊"来负责。同时也要牢记两条"法律红线"：有限责任公司股东人数不超过 50 人，股份有限公司股东人数不超过 200 人。

## 二、按出资金额分股份

说白了，就是按照出的钱来分股。比如说创业一共需要 100 万元，我出 50 万元，就占 50% 的股份。按资占股的方式是最符合我国《公司法》规定的，也最符合公司章程上的标准条款。

按资分股最大的问题在于没有考虑到公司经营中每个人的贡献值。在公司早期，资金是有一定作用的，但越往后期发展，管理者人力的投入越重要。这个时候，经营团队创造的增量的价值贡献如果没有被认可的话，那些出了钱的后期不怎么干活儿，而那些天天干着活儿的拿的股份又少，会有什么结果？心里肯定不平衡，干起活儿来不爽，这就是个死局。

所以，要综合考虑人力贡献、资源投入等情况，来合理地确定股权分配比例。股权和所有权、分红权、投票权一定要分离，并且要设计成动态的。

## 【案例】不懂章程而被"钻空子"的忧伤

赵明是某市的一位企业家，一日，刘佳找到他，介绍了自己手上的一个环保项目。赵明对这个项目很感兴趣，在详细调研以后，决定与刘佳组建美天环保有限公司。

赵明出资 2400 万元，占股 48%；其控股的祥云公司出资 600 万元，占股12%；刘佳向赵明借款2000万元作为出资，占股40%。两人同时制定了公司章程，章程中约定：赵明担任公司董事长，刘佳担任董事兼公司总经理，祥云公司法定代表人李峰担任董事。对股东会表决程序未做约定。

由于赵明在某市有多处实业，环保公司仅是其投资的项目之一，因此他除股东会和董事会会议外，不插手环保公司的实际经营。他认为自己只要控制住股东会和董事会，刘佳就不会乱来。但不久后他就发现，经过股东会和董事会做出的决议，到了实际操作时总是会遇到各种各样的拖延。起初赵明还不太当回事，但是这种情况多了，他开始变得敏感起来。

经过调查，赵明发现刘佳在本市还有一家相同业务的公司，而这家公司是刘佳个人出资设立的。刘佳经常在外面宣称自己拥有两家大型环保公司，这不仅为他自己的公司带来了市场，同时也为他申请银行贷款提供了很多便利。更严重的是，刘佳利用拖延战术，为他自己的公司赢得了很多商业机会。

此时，赵明如梦方醒，提出召开董事会。会上审议了他提出的更换公司总经理的议案，他和李峰投了赞成票，但刘佳指出总经理一职的人选是由章程约定的，而修改公司章程须经股东会具有三分之二表决权的股东同意，董事会对此无权更改。赵明看着自己和控股公司加起来60%的股权比例，哭笑不得。

很多公司的大股东认为，只要占据股东会和董事会的优势地位，小股东即使能力超群也没有办法"犯上作乱"，但没有意识到写在章程中的一句话可能会让自己损失惨重。

我国《公司法》规定，修改公司章程，必须经代表三分之二以上表决权的股东通过。也就是说，无论是什么内容，哪怕是一个标点符号，只要写进了章程，日后要想更改，也得经过三分之二以上多数通过方可。因此，提醒各位投资人，在订立章程时，对内容的设置一定要慎重。

## 三、平分股份

三兄弟合伙，股权按33.4%、33.3%、33.33%分配，你觉得是否正确？让我们来看下面这个故事。

在中国餐饮界，有一家非常有名也非常另类的连锁加盟企业，它就是真功夫餐饮管理有限公司（以下简称真功夫）。这家企业是1990年自广东东莞起家，国内首家实现全国连锁发展的中式快餐，是中国快餐行业前五强中唯一的本土品牌。

1990年，年仅19岁的潘宇海在东莞长安镇创办了168甜品屋，主营甜品、粥品和汤粉，独自经营，在当地有了名气。1994年，潘宇海的姐姐潘敏峰、姐夫蔡达标经营的五金店倒闭，潘宇海就拿出甜品屋50%的股份给姐姐、姐夫二人，同时把甜品屋改为蒸品店，与其一起经营。

1997年，168蒸品店更名为东莞市双种子饮食有限公司（以下简称双种子公司）。2003年，双种子公司正式推出真功夫品牌，并于2004年开了第一家真功夫餐厅，定位于"蒸文化"，开始在全国范围内发展。当时，潘宇海持有双种子公司50%的股权，蔡达标和潘敏峰占50%的股权。潘宇海负责企业内部管理，蔡达标负责外勤事务，潘敏峰负责资金管理。

2006 年，潘敏峰与蔡达标因家庭矛盾而闹离婚，股权纠纷开始发酵。2007 年，真功夫成功引入风投，成立了中外合资真功夫餐饮管理有限公司，由蔡达标担任董事长。真功夫重组完成后的股权结构为：潘宇海和蔡达标分别持股 41.74%，双种子公司持股 10.52%，两家风投公司各持股 3%。双种子公司一直由潘宇海担任法定代表人。

风投进来后，公司的经营管理要走向规范化，原来家族企业的关联交易和人事安排等都要切断和规范。董事长蔡达标以去家族化的名义，行排斥公司其他股东之实。而蔡家与新公司的关联交易非但没有切断，反而在增加。在人事方面，蔡达标也以去家族化的名义，把公司中与潘家关系密切的管理人员赶走。潘宇峰与蔡达标的矛盾一天天明朗化了。

2008—2009 年间，蔡达标以去家族化为名排斥潘宇海，到最后潘宇海连公司大门和网站都进不去了。潘宇峰开始以法律手段进行维权，通过知情权诉讼对公司进行司法审计，结果发现了蔡达标违法犯罪的线索。司法机关于 2011 年对蔡达标立案侦查。2013 年，蔡达标因犯职务侵占罪和挪用资金罪，被判处有期徒刑 14 年。

在蔡达标任合资公司董事长的 3 年时间里，开店数量仅百余家，营业额同比没有增长，经营接近亏损，发展几乎陷入绝境。潘宇海以副董事长职务接手真功夫的经营，通过斩断利益输送链条、调整经营策略等方法，才带领公司走出困境，让真功夫重新走上了正常发展的道路。

在刚开始创业时，大家都觉得谈利益伤感情，咱哥几个一起创业，股权就平分吧。老同事、老相识一起出来创业的最容易采用这种方式。像真功夫的这个案例，潘宇海当年拿出 50% 的股份给姐姐、姐夫二人，一起经营公司，实际上是一种非常不明智之举。

一家人不是不可以一起做公司，但是一定不能平分股份，一定要让真正对企业创办和发展起到关键和决定作用的人来当绝对控股的大股东和 CEO，而不能像潘氏姐弟这样，把董事长的大印拱手让给他人来执掌。一家人如此，不是一家人的合伙人在一起经营公司，更是如此。

几个人合伙创业，必须达成理念上的共识，合理地来评估每个人的不同贡献，一定是有的人贡献更大一些，有的人稍微小一些。不管怎么样，都绝对不能平分股权。

### 四、小股东说了算

3 个合伙人创业，大股东占股 43%、二股东占股 42%、三股东占股 15%，请问这家公司谁说了算？答案是：三股东。

有些人觉得奇怪，怎么会是三股东说了算？有这样一个案例：两个人出来创业，一个拿 55% 股份，另一个拿 45% 股份。后来遇到一个不错的技术人才，想把他吸收为新的合伙人。两个创始人就商量各分出 5%，给新合伙人 10% 的股权，而公司章程约定的是表决权要超过半数。那么，情况会变成什么样？

占股 50% 的人想通过一件事，取得新合伙人的同意就行；占股 40% 的人想通过一件事情，也是取得新合伙人的同意就行。最后这个公司谁说了算？事实上就是仅占股 10% 的小股东。这种情况就是小股东绑架了大股东，使得公司陷入一个死局。

因此，谨记不能让小股东成为左右决策的砝码，当你的公司中出现这样的情况时，一定要极力地调整股权架构以避免损害。

### 五、唯一股东

有的创业者觉得那么多人一起创业太麻烦了，可能有这样或那样的制约，那干脆自己一个人持股吧。

这样做的最大问题是没人帮你。大家都觉得你是老板，其他人是打工的，即使聘请了职业经理人做 CEO，CEO 也会觉得公司跟自己无关。其实，只要控股 67%，你就是绝对控股了，多出来那 33% 对于公司的控制权毫无意义，你完全可以分一些出去。如果没人和你一起将公司发展壮大，股权再多也没用。拿着一个小工厂百分之百的股权，和拿着小米 1% 的股权，根本不在一个量级上。

## 第二节　被动+主动，打破股权架构的死局

要打破上面所说的死局，主要有两种办法：被动疗法和主动疗法

### 一、被动疗法

**1. 股权回购**

如果现在公司的股权架构已经出现了问题，我们想要把公司的控制权拿回来，那么最直接的办法就是把股份买回来，购买的比例就是能够达到控制权的比例。

显而易见，当我们愿意把股权买回来的时候，一定是代表着公司

业务发展得很好，对前景看好，才会有回购的需要。那么很自然的，股权所有方大概率会提高价格，也许是 2 倍、3 倍，要是狮子大开口，甚至会是 100 倍、200 倍，正常 1000 万元就可以买回来，这个时候可能要花 5000 万元或者 8000 万元才能买得来。所以，这招最直接快速，也最彻底，但代价也往往是最大的。

### 2. 增资扩股

如果持有股份的对手不愿意转让股权，或者漫天要价，那么，我们还有另外一个大杀招：增资扩股。

增资扩股是指企业向社会募集股份、发行股票、新股东投资入股或原股东增加投资扩大股权，从而增加企业的资本金。对于有限责任公司来说，增资扩股一般指企业增加注册资本，增加的部分由新股东认购或新股东与老股东共同认购，使企业的经济实力增强，并可以用增加的注册资本投资于必要的项目。

简单来说，就是往股份的资金池里投入更多的钱，随着股份的增加，原有的股份持有者所占比例就相对地减少了，从而让注入资金者获得更大的占有比例。

在实操中还有一个问题，就是对手可能会提高公司的估值，那么投进去的钱所占的股份就会变小，从而使注入资金的效率大为降低。对此，如果在公司创立的时候，先把公司的股权、表决权和分红权三权分离的话，这个问题就不会出现了。

### 3. 约定对赌

从字面上来看，这通常是投资方为应对被投资企业未来发展前景的不确定性而签订的协议。如果被投资方未能按照约定实现对赌条件，如目标业绩、挂牌上市、财务指标等，就会触发对赌条款，投资方可以行使条款中规定的权利，进行估值调整、要求融资方进行业绩补偿、回购股权等；反之，如果约定条件按时达成，那么融资方就可以行使条款权利。

对于想要改变股价架构的一方来说，股权对赌协议就是一把利器。股权对赌还可以细分为以下3种类型。

（1）股权调整型。

股权调整型是指投融双方在依据结果实施对赌条款时，以低价或无偿转让一定数量的股权给对方，控股权不变。永乐电器的股权调整对赌便是典型代表。

2005年10月，摩根士丹利等投行向永乐电器注资5000万美元换取20%的股份，双方达成协议：若永乐电器2007年净利润高于7.5亿元，外资股东将转让4697.38万股给永乐电器原股东；如果净利润相等或低于6.75亿元，永乐电器管理层将向外资股东转让4697.38万股；净利润不高于6亿元时，永乐电器原股东将向投资方转让最多达到9394.76万股。

（2）股权稀释型。

股权稀释型即目标企业未能实现目标业绩时，投资方有权以低廉的价格再向企业增资购入一部分股权。

（3）控股权转移型。

控股权转移型与前两种类型最大不同之处在于，此类条款的实施会使得控股权从原股东手中转移至股权投资方手中。

2006年11月，英联投资与太子奶集团合资成立离岸公司中国太子奶（开曼）控股有限公司并注资4000万美元，摩根士丹利、高盛分别注资1800万美元和1500万美元。与此同时，3家投行与太子奶集团创始人李途纯签署了一项对赌协议：进行注资后的前3年，若太子奶集团的经营业绩增长能达到50%以上，便可减少投资方持股比例;反之,实际控制人李途纯将会失去控股权。

最终,因债务积压和业绩惨淡,李途纯于 2008 年 11 月向 3 个投资方转让出名下全部股权,并退任名誉董事长一职。

**4. 关掉公司,另起炉灶**

对于还没有建立起很大的品牌价值的初创公司,或者品牌还不是最重要的资产的公司来说,关掉现有的公司,另起炉灶也是一个可行的选择。当然,推倒重来并不容易,它是一个痛苦且代价高昂的过程。

## 二、主动疗法

主动疗法就是主动去找股权咨询公司来解决问题,把专业的事情交给专业的人去做。

股权咨询公司通常是由专业咨询师和律师团队组成,在签署保密协议以后,他们会详细了解公司治理的方方面面,然后给出详细的问题分析,提供具体的问题解决方案和实操沙盘推演,还会在具体实施的每个关键点提供协助。当然,这样的方案实施需要一定的咨询费用,也需要一个比较长的周期。

对于企业来说,主动疗法具有如下价值。

(1)顶层股权动态设计:清晰明确企业的战略目标,合伙人齐心协办,把企业做强做大。股东权责利高度统一,人在心在,避免因内耗而分家。

(2)顶层股权设计:将企业的股份越分越多,股东股份越小,身价越高。

(3)企业股权布局:企业在多元化经营过程中,如果出现重大事故,要保证老板安全。

（4）股权结构与融资设计：深受 PE（私募基金）/VC（风险投资）青睐的股权结构设计。

（5）公司章程设计方案：约定同股不同权，确定董事会治理权限，让合伙人一切有章可循。

（6）进退机制与高压线：合伙人进退机制，保证股份给得出去也收得回来。

（7）资源型股东合作模式：最大化激活周边资源，让行业资源为你所用。

（8）顶层控股权架构设计：保证老板控制权，让企业股东治理长治久安，提早设计，永保控制权。

（9）创业股激励法：轻松驾驭顶尖人才，与公司形成战略协同和互相赋能。

# 第四章　找什么样的合伙人

新时代的创业已经不是传统企业家"一个和尚挑水喝"就能解决的问题了,俗话说"一个好汉三个帮",一个人的能力再强也不可能面面俱到,互联网经济下的大多数企业家都喜欢抱团创业。任何事情都有一个关键点,抓住它就可以解决90%的问题。在创业这件事情上,找对人就成功了90%。

创业是一件非常严肃的事情,既然决定风雨同舟就不要半途而废,所以选择合伙人需要非常谨慎。第一,这个人一定要是个好人,品质不错的人;第二,互补性强的人,取长补短才能进步;第三,善于沟通的人,想法和意见不合的时候用沟通来求同存异;第四,能共同承担责任的人,合伙创业需要大家共同努力和互相依靠。

## 第一节　出钱少出力，还是出力少出钱

很多人在开始创业的时候，有些是自己做老板，也有的是和自己的朋友合伙开公司，而合伙开公司时第一个需要考虑的问题就是开什么形式的公司。

公司的组织形式主要有两种：有限责任公司和有限合伙公司。

有限责任公司是常见的公司组织模式，大家都很熟悉，这里就不展开叙述了。

大部分的创业者可能对有限合伙公司还是比较陌生，随着《中华人民共和国合伙企业法》等相关的法律法规逐渐完善，合伙人一起创立有限合伙公司相比传统的有限公司来说还是有不少优势。

有限合伙制已经逐渐成为风险投资、股权创投等投资公司创立企业的首选，更多的是以成立有限合伙投资基金的方式加盟。下面，我们就来看看有限合伙公司到底有什么吸引人的地方。

有限合伙是由一名以上普通合伙人与一名以上有限合伙人所组成，实质上是介于合伙企业和有限责任公司之间的一种企业形式，也就是说，它是合伙企业的一种特殊形式，并不是公司。顾名思义，普通合伙人承担无限责任，有限合伙人则以出资额为限制承担有限责任。

有限合伙公司的好处是不言而喻的，传统有限责任公司制除了要

缴纳企业所得税外，公司股东还需要缴纳个人所得税，也就是双重缴税。有限合伙公司只需要缴纳合伙人的个人所得税，而不需要缴纳企业所得税，企业成本大大降低。

公司制要求同股同权，通俗点说就是谁出资最多、占的股份最大就听谁的，凡事都要股东大会表决，可是在创投机构这类的投资公司，出资最多并不意味着企业管理能力很强，很多投资者仅仅是希望获得投资收益，至于公司如何管理更需要专业性强的人士来操作。有限合伙制就是"GP（普通合伙人）＋LP（有限合伙人）"，企业管理权和出资权分离，自主性很强。

普通合伙人＝1%的资金＋无限连带责任＋企业管理权（出力少出钱）

有限合伙人＝99%的资金＋有限责任＋合伙协议利润分配（出钱少出力）

有限合伙人在承担有限责任的条件下能够实现大规模的融资众筹，在资本退出清算方面也比有限责任公司更加灵活，即使是在IPO上市阶段，有限合伙制要披露信息的义务相比股份有限公司的上市公司来说也要宽松得多。

那么，合伙创业是不是只适合于创投机构这类的投资公司呢？非也！有限合伙制的本质在于普通合伙人可以（唯一）劳务或者资金认缴出资，有限合伙人可以土地使用权、现金、知识产权、固定资产等各种资本要素认缴，创业型公司创立有限合伙公司的好处是相当大的。

例如，创业公司在设计员工期权的时候，先另外成立一家有限合伙公司，创始人担任普通合伙人，然后找一个联合创始人担任有限合伙人，再让这家有限合伙公司投资创业公司的主体，成为公司的股东，这样就可以提前预留好员工的股份，当员工到期行权的时候，可以通过转股或增资获得有限合伙公司的股份，也就是间接持有主体公司的股份了。

这样做的好处在于，尽管创始人的股份被稀释了，但是投票权和决策权还是在自己手上（因为是普通合伙人），期权员工作为有限合伙人只能享有所有权和分红权，但没有投票权。让更多的创始成员享有所有权和分红权，能够极大地调动员工的积极性，同时也不会丧失投票权，可谓一举两得。相反，如果是公司制的同股同权的话，创始人的权利就会被削弱。

最后，对普通合伙人和有限合伙人的权利和义务再做一个总结。

**1. 普通合伙人的权利**

（1）经营控制权：普通合伙人在有限合伙公司有充分的管理权和控制权，任何与企业经营相关的对外法律文件都必须经过普通合伙人审查。

（2）年度管理费：普通合伙人有权获得有限合伙公司合伙基金总额 1.5%~3% 的管理费，用于支出企业运转的日常经费。

（3）利润分成：普通合伙人投入总额 1% 左右的资金，即可得到投资收益 20% 左右的分成。

**2. 普通合伙人的义务**

（1）最低出资基金资本总额的 1%，共同承担风险。

（2）信义义务，对合伙债务承担连带清偿责任。普通合伙人须约束自己的行为，不得滥用职权谋取私利。

（3）信息披露，普通合伙人须定期向合伙人提供财务报表及年度发展报告。

（4）遵守有限合伙协议，不得违反合伙协议中协定的条款，杜绝机会主义行为。

**3. 有限合伙人的权利**

（1）企业事务有限参与权：虽然有限合伙人不能参与日常经营，但是建议权和投票表决权还是有的。

（2）企业经营状况知情权：每年普通合伙人必须召开合伙人大会，会上需要报告企业经营状况。

（3）获得投资收益权：有限合伙人一般可以获得投资收益的80%，而且拥有利润分配优先权。

（4）合伙利益转让权：有限合伙人只能转让权益但不得退伙。

有限合伙人的义务主要是按协议的约定履行对合伙基金的出资，可以一次性缴纳，也可以分期缴纳，首期出资一般为资金总额的25%~33%，剩余的则在协议规定期限内分期投入，或根据基金的实际投资进度和业绩表现分期投入。

所以，有限合伙公司无论是在制度上还是在法律的适应性上都非常灵活，这是公司制的企业无法比拟的。

# 第二节 一言堂，还是元老院

在企业的创始合伙人团队中，有一言堂和元老院两种领导模式。一言堂就是由一个"领头羊"掌舵，大事情都是一个人做主；元老院就是类似古罗马时代的元老院决策模式，没有绝对领导，大事都需要几个核心骨干商议，以少数服从多数的原则来决策。

没有哪种模式一定就有绝对的优势，但是创业初期一定要有一个绝对被认可的老大，他要有能力做出正确的决策，带领团队以正确的战术来实现正确的战略。

大家看看"众"这个字，它由三个"人"组成。它的一种意思是团结，还有另外一层特别的内涵：哪怕只有三个人，也要有一个人在上面，有一个人是领导。合伙创业，必须得有一个人是核心，当公司遇到问题大家意见不一致的时候，这个人说了算。精神上他是领袖，管理上他是第一决策人。

以海底捞为例，为什么张勇能够以原始出资的价格从施永宏夫妇手里买回18%的股份，就是因为海底捞一直都是以张勇为核心的领导结构，他一直处于强势的领导地位。所以，如果一个团队没有人能够承担得起领袖职责，大家都想做老大的话，那么我建议不要合伙，各干各的会比较好。

什么样的人才能做好"领头羊"呢？现代企业对此提出了非常高的要求。有人总结，一位成功的"领头羊"必须具备18种素质，即懂得做人、相信自己、善于决策、知人善任、持续创新、目标在心、凝聚团队、懂得授权、有效沟通、架构关系、善抓机会、富有远见、终身学习、不屈不挠、勇于自制、赢得拥戴、培养领导和经营健康。还有人提出，杰出的领导必须要具有5种素质，即激情、视野、勇气、韧性和执行。

其实，不管是18种还是5种，说的都是什么样的人才能做以及做好"领头羊"，只不过一个更细化、一个更概括而已。如果我们拿这些条件去对照那些成功的企业和企业家，就会发现，在这些企业的创建和发展过程中，必定有一位具备这些素质的"领头羊"，阿里巴巴有马云、京东有刘强东、海底捞有张勇、华为有任正非、腾讯有马化腾、海尔有张瑞敏……他们都是中国的企业家。那么再来看看美国，微软有比尔·盖茨、通用有韦尔奇、苹果有乔布斯，等等。而日本呢，松下有松下幸之助、索尼有盛田昭夫、京瓷有稻盛和夫……

在这些杰出的企业"领头羊"身上，我们可以发现，尽管他们所在的行业不同，经历不同，创业的时代背景和条件也不相同，但是他们有着许多共同的素质。

对于"领头羊"，除了要求有超过众人的素质外，还要有股权方面的安排，来保障其权益，即"领头羊"一定要占大股，是大股东，并对企业拥有绝对控制权，这样才能保证其充分地行使权力。

由于海底捞在创办之初没有给张勇这个"领头羊"控股权，因此不得不在企业发展过程中补上这一课。施永宏夫妇很明智地转让出部分股权，使张勇顺利地成为绝对控股的大股东，否则，二者就会上演一场股权争夺大战。在这方面有许多深刻甚至是惨痛的教训。即使是在一个家族内，如果解决不好股权控制权，也会出现大问题，严重的甚至可能会造成家族失和、企业倒台。

那么，从另外一个角度来说，为什么要寻找合伙人呢？

前面讲过，如果权杖完全被一人所掌控，那么拥有者就可能成为孤家寡人，难以调动起其他人和资源的积极性。在中国古代皇权专制社会，虽然皇帝掌握了最高权力，但是他也不是什么事都管，还要有三公九卿来辅助管理整个官僚体系，然后通过官僚体系一层层地把统治者的意图传导到社会各个层面。

在古代社会，权杖意味着最高权力的拥有，更意味着社会地位的尊贵与财富的隆显。而对于现代企业，股权除了意味着最高权力之外，还意味着财富的分配与支配。你把所挣到的财富都一个人占有了，只给他人一点死工资，势必会引来他人的羡慕嫉妒恨，招致他人对你的不满情绪，传导到行为方面，就是对企业的经营与发展没有主动意识和进取心，缺乏创造性和积极性。

所以，在掌握对企业的控制权的同时，适当地把股权以合法的方式分与他人，是企业发展的必由之路。这些分到股权的人，在企业创办之初，就是合伙人。

以什么标准来选择合伙人，或者说，什么样的人才适合做创始合伙人呢？

寻找合伙人，我建议最好是在熟人的圈子里面去找，比如同事、同学、亲戚、朋友，因为大家比较知根知底，信任成本也比较低。那么，如果排列一下同事、同学、亲戚、朋友之间的优先顺序，你认为谁最适合做合伙人？

我认为排在第一位的应该是同事，然后是同学，而后是朋友，最后才是亲戚。为什么呢？

因为创业是贴近于工作，而不是贴近于生活，同事都是在一起工作过的，一起创业就相当于工作的平移，彼此比较容易适应，磨合成本最低。

同学呢，大家一起学习过，对各自的人品、性格、能力的优劣势会比较清楚，也一起参加过很多集体活动，与工作关系比较贴近，相对比较容易转换角色。

朋友关系主要是一种生活上的私人关系，在日常相处的时候会比较随意，注重感觉，而工作上要讲究的是规范，而且要分上下级，角色转变起来会比较困难。

亲戚关系虽然信任成本是最低的，但是因为大家在日常生活中会把很多事情当成是理所当然的，所以在工作中难以建立起规范的管理制度，而且一旦合伙失败，很有可能会影响到双方的家庭关系。

那么，我们应该坚持什么样的原则和标准去寻找合伙人呢？

**1. 价值观一致，这是最重要的**

什么叫价值观一致？就是认同公司的文化，认同公司的发展目标，认同公司的发展理念，等等。必须要价值观一致，它的重要性甚至超过了如何具体去分配股权。

**2. 能力优势要互补**

合伙是为了实现一加一大于二，充分利用每个人不同的优势去实现共同的目标，所以，最好是能够找到不同层面都有优势的合伙人一起奋斗。比如，有的人擅长管理，有的人精通技术，有的人提供资源，有的人支持资金，还有的人开拓市场。建议不要都选择同一类型的人才，比如大家都是搞技术的，或者都是营销型，擅长的都擅长，那么不会的就都不会，这样就会造成能力"拥挤"，要能够取长补短。

此外，合伙创业的股东也并不是越多越好，每一个股东必须要有每一个股东的价值，否则宁愿不要。我建议，在创业初期股东人数最好保持在5个以内。

## 第三节　上了一条船，就都是兄弟了吗

创业并不是很多人想像的那样，自由自在无拘无束，指点江山激扬文字，仿佛辉煌的未来指日可待。人、市场、资金、场地……这些全都需要一点一滴地去亲力亲为，甚至公司水电费账单这样的琐事都需要耗费精力。船小怕风浪，创业初期的风险也是实实在在的，每一

天都像是在背水一战，总是担心着哪天一个大浪扑来，没顶住，船被掀翻了。

在这样危机重重的氛围中，大家很自然的想法就是"上了一条船，就都是兄弟"，但是这样的想法很有可能会给将来的危机埋下浓浓的伏笔。因此，为免除后患，在吸收不同类型的股东时一定要遵循以下则。

## 一、管理型股东在公司一定要是全职的

找合伙人，就是要求大家都朝着同一个目标，结合大家的能力和智慧，并且一起承担风险。只有合伙人全职在公司工作，才会全心全意地来做这件事，否则他随时都可能会抽身而退。

比如，合伙人在别的公司上班，当你把公司业务做起来了，他就出来直接享受成果；如果没有做起来，那么他可以继续上班，只有你一个人在承担风险。他这样做，说明不是很看好公司未来的前景，否则他会主动离职，跑出来跟你一起干。

所以，对于兼职人员，建议不要给股份，或者干脆建议他做投资型股东或者顾问型股东。

## 二、资金型股东要溢价进入

我们寻找股东或者合伙人，一定要知道自己的目的是什么，最重要的是能找到一群志同道合的人去做一件共同追求的事情，所以人才是最重要的，如果仅仅是投资股东，就不可能按照出资比例来占股。

比如，对于内部的创始团队，可能是按照100万元来估值，但是

对于投资型的股东，则可能是按照1000万元来估值，也许他出70%的资金，最后却只能拿到40%的股份，这是规矩（投大钱占小股）。

## 三、资源型股东要量化进入

成为资源型股东的前提是，他的这些资源对于企业来说非常重要。你有没有遇到过这样的人？他说有很多客户和市场渠道可以介绍过来，但是要20%的股份。其实到最后，他的这些资源并没有为你创造这么多的价值，甚至有的拿了你的股份之后就什么都不干，等着分红。很多人都是为了拿到你的股份，而把自己资源的有效性给夸大了。

所以，对于资源型的股东，要对他有考核、有对赌。对赌的内容包含两项：一是业绩对赌，二是时间对赌。

比如，有人说能够为你介绍500个客户，然后向你要10%的股权，那么你就要跟他约定在多长时间之内业绩达到多少，或者是这些客户到什么级别之后才能给他股份。

具体来说，如果在半年之内他介绍的500个客户成为VIP，或者半年之内这些客户消费金额达到100万元以上，就可以给他10%的股份；如果达成率是80%~100%，就给他8%的股份；如果达成率是60%~80%，就给他6%的股份；如果达成率是40%~60%，就给他4%的股份；如果达成率低于40%，就不给股份只给提成。这样才没有风险。

## 四、技术型的股东要考核进入

针对技术型的股东，要对其技术进行估值，这些技术必须是能够帮助公司具备核心竞争力的，而且是持续的。要跟他约定：在技术还没有开始为公司创造价值时离开公司，则股份无条件回购；在技术成熟以后离开公司，则要避免同业竞争，不允许其再为同行工作，也不允许自己开立与原公司业务相同或相似的公司，否则不予分红。

## 五、顾问型股东要拿结果进入

顾问型股东必须是经过市场验证的，顾问咨询是有效的，是你绝对信任的，而且未来在关键时刻能够给公司一些关键的指导。

## 六、股权架构一定要因时调整

过去很多老板分股权，都是谁出的钱多谁拿的股份就多。但是，在不同的发展阶段，资金对公司的作用是不同的：发展初期，公司需要资金才能运作，所以钱很重要；到了中期，公司有了现金流，钱不是最重要的，更重要的是人力，招徕和留住优秀人才公司才有机会快速发展。所以，我们定资金股，应最多只占公司股权的20%，而人力股占80%。

举个例子，目前公司总共投资是100万元，但我可以给公司定价为500万元，资金股总共出了100万元，那就是占公司20%的股权。这就是根据企业发展的实际需要，来确定各种资源在股权中所占的权重。当企业最缺资金时，资金的权重就设定为最大；当企业需要人才和技术时，人才和技术在股权中的权重就要提升。

对股权适时进行必要的调整，这是企业发展的必然之举。股权的比例不可能一成不变，股权结构的设计也不可能一劳永逸。一个最简单的道理就是，如果你的公司做到一定程度，想上市，那么至少在股权结构上要按照上市的要求进行调整和完善，包括股东人数与持股情况、战略投资者的引入与持股比例等，都需要满足上市的要求。

我们可以看到，在中外企业发展史上，那些做得久、做得好的企业，都是在股权结构设计和安排方面做得明明白白。以华为为例，它与阿里巴巴等上市公司不同之处，不仅在于它不是上市公司，而且在于它的股权设计上非常有"技术含量"。

华为最初是由任正非与 5 位合伙人共同出资 2 万元成立的，主要业务是代理香港的电话交换机。1990 年，华为开始进行员工持股的改革。因为华为在发展初期无法从银行拿到贷款，资金周转不灵，曾一度发不出工资，只好给员工打欠条，后来就把欠条变成了股份。这是初期缺乏资金，也就是资金是企业的命门时，华为确立的一种股权结构，解了它的燃眉之急。后来，华为又进行了几次股权调整，确立了员工工会持股的基本结构。

当华为走向世界，越来越多的外籍人员进入公司，为了对他们进行股权激励，华为再一次对股权进行了新的安排。这样，华为就成为全员持股的一家非上市公司。这种股权安排，极大地激发和调动了员工的积极性，也保证了员工队伍特别是高技术人才队伍的稳定。也正是因为有了这样的股权激励，华为才能在激烈的竞争中成长壮大，成为中国移动通信领域的领导者。

关于华为如何设计和调整股权结构，在后面我们还会详细地解析。这是因为，华为的案例堪称股权设计、股权激励的成功典范，通过解析，会让我们更深刻地认识股权激励的价值与意义，更全面地掌握股权设计和激励的理念、思路以及具体步骤和方法。

## 第四节　丑话一定要说在前面

创业公司在发展过程中总会遇到核心人员的波动，特别是已经持有公司股权的合伙人退出团队，这个时候，应该如何处理合伙人手里的股份，才能避免因合伙人股权问题影响公司正常经营呢？

人们常说"把丑话说在前面"，所谓丑话，就是对未来可能发生的不好事情的预测。这说明有些事情我们是难以把控的，必须做好最坏的打算来防患于未然。

其实，很多人都知道要说丑话，但又难于开口，认为有些事情说出来容易伤了和气。现实中，有很多好朋友、好伙伴因为没有"把丑话说在前面"，公司盈利了、成功了，最后却反目成仇。因此，在合伙人股权退出机制的设计上，必须"把丑话说在前面"，而且越早说越好，越有利于公司事业的良性发展。

合伙人股权利益分配关乎人性底层的贪嗔痴（贪婪、怨恨和愚昧等心理），而合理的合伙人股权设计，应该是艺术与科学的交汇，可以规避人性的弱点及其阴暗面。

## 一、提前约定退出机制，管理好合伙人预期

提前设定好股权退出机制，约定好在什么阶段合伙人退出公司后要退回的股权和退回形式。创业公司的股权价值是所有合伙人持续长期地服务于公司赚取的，当合伙人退出公司后，其所持的股权应该按照一定的形式退出。这一方面对于继续在公司里做事的其他合伙人更公平，另一方面也便于公司的持续稳定发展。

## 二、股东中途退出，股权溢价回购

退出的合伙人的股权可以通过提前约定的退出机制，由公司按照当时的公司估值对其进行回购，可适当溢价。

## 三、设定高额违约金条款

为了防止合伙人退出公司却不同意公司回购股权，可以在股东协议中设定高额的违约金条款。

## 四、时间上具体操作的 3 个阶段

（1）公司成立一年内，无论有无盈利，都按照原始投入退出资金。
（2）公司成立一年后没有盈利，以账面净资产作为公司价值计算退出资金（账面有形价值，不包括无形资产）。
（3）公司成立一年后有盈利，以账面净资产的倍数作为公司价值计算退出资金。以现金结算，1~3 年分期撤资（支付利息）。

## 第五节　老板的格局决定公司的格局

凡是成就伟大事业的企业家，格局都很大，他们目光长远、不拘小节，同时能尽可能地调动员工的积极性。

一家公司，缺乏资源并不是限制公司发展的最大因素，而是老板的格局。老板的格局决定了一家公司的高度，格局太小，往往成不了大事。

老板是一个公司的管理者和掌舵人，如果他精神匮乏，没办法看到更长远的需求，那么就意味着他只能是小事精明、大事糊涂。

一位有格局的老板，必须是志向远大、目光长远，能耐心地对待自己的员工和产品，乐于与员工分享胜利成果。

如果你是老板，那你务必要做到这几点，让自己成为一个有格局的老板，而不是整天关心鸡毛蒜皮的小事；如果你是员工，那就请跟随着这样的老板，这样你的未来才会有保障。

还是先讲一个真实的故事，是关于软银集团掌门人孙正义的。

在创业之初，一次早会上，身高只有一米五的孙正义站在水果箱上，对着员工讲道："我将成为世界首富，你们跟着我也会成为最富有的人。"下面的两个员工以为这个老板脑子有毛病，就赶紧跑了。

1999年，孙正义给阿里巴巴投资2000万美元；2014年，阿里巴巴在美国上市时，孙正义投资的2000万美元变成了580亿美元，14年翻了近3000倍。

孙正义因为这笔成功的投资，成了日本首富，也成就了互联网投资历史中的一段佳话。到37岁时，他又成了世界首富。后来记者采访他，问他是如何办到的。

孙正义对记者说："一切目标的实现都是来自梦想和毫无根据的相信。"

创业是艰难的，常常超出常人所能承受的范围，因此也需要一个超出常人想象的远大理想来支撑他们走过这段艰难的历程。

孙正义的两个员工跑了，那是证明这两个员工不适合这个事业，但他还是一直讲自己的理想，每讲一次都会影响到另外的一批人加入他的事业，一批最终伴随孙正义把事业做成的人。

格局小的老板，只会说我做这个区的第一名就好了，或者做这个市的第一名就好了，那么有的人就会想：这个老板的志向只有这么一点，跟着他最多不就是做到这个市的第一名吗？那还是找下家吧。所以，如果你的志向是某个市的第一名，那么国际性、全国性的人才就不会跟着你干了。

我们制定公司战略目标的第一点就是要有远大的梦想，有了远大的梦想之后，第二点就是目标要切合实际，要有可执行性。

公司战略目标设定应遵循以下原则。

（1）目标要有周期性，就是要明确目标实现的时间表。

（2）目标要有可行性，阶段性的战略目标应当基于企业资源盘点和能力分析而制定。

（3）目标要有分解性，阶段性战略目标是对战略总目标在时间维度上的分解，还应将其在空间维度上分解为职能部门的目标，才能明确其权责利。

# 第二部分

# 股权激励篇

## 解放老板，成就员工

股权激励的是未来，而非过去！

## 第二部分　股权激励篇

本书的第一部分讲述了有关股权与股权激励的理念，给大家提供了一个从高处观照股权与股权激励的视角，包括股权的本质、股权激励的作用、股权激励应该避开的陷阱等，目的是让大家建立起对股权与股权激励的认知，形成一种顶层思维和核心理念。

在第二部分，我们要讲解的是如何设计股权结构以及实施股权激励的具体战法。在讲解这些具体战法之前，我们还是要先讲讲股份制的来历，因为它是认知股份制这一企业制度与经济制度的关键所在。

股份制企业产生于欧洲的荷兰，荷兰的东印度公司是世界上首家股份制企业。它是顺应大航海时代来临后，欧洲对海外进行扩张和掠夺而兴起的一种企业组成形式和有关资本的制度安排。由于向海外扩张需要的资本量要远远大于以前在欧洲本土的经营，股份制这一能够集中和调动社会资本与资源的企业组成形式就诞生了。

随后，荷兰又因应郁金香的交易，形成了世界上第一个股票交易所。这是包括纽约证券交易所、伦敦证券交易所、上海证券交易所等在内的所有股票交易市场，即资本市场的前身。

有了股份制企业，就有了股东，相应的，为了保障股东的权益，就出台了许多制度和法律。最初的股份制企业，资方和劳方是对立的，根本就没有股权激励这回事，但是随着市场竞争越来越激烈，经济形态日益变迁，产业发展越来越依赖于技术与人才，从资本的力量占主导地位转变为由掌握高技术的人才占主导地位，决定着企业的生存与发展。传统的股份制、传统的企业股权结构与股权设计等，已经越来越不适应了。

于是，20世纪60年代，在资本主义最发达的美国，一种全新的股份制出现了，这就是通过投资方向经营团队进行股权的让渡，形成的资方与劳方共同持股的被人们叫作股权激励的股权结构。著名的制药企业辉瑞公司是全世界第一家实施股权激励的企业。当时，一方面是要留住人才调动人才的经营积极性，另一方面也是为了合理避税，减轻企业的经营成本。

股权激励制度是资本主义在企业制度方面的一种创新，是解决资方与劳方（主要是职业经理人团队）对立矛盾的一种比较有效的方法。一经出现，便很快在资本主义国家扩散开来。

股权激励是一种趋势，这不是你要不要做，而是什么时候做、用什么方法做的问题。互联网时代信息越来越透明，创业的门槛也越来越低，雇佣时代已经转为合伙时代，你想让优秀的人才帮你打一辈子工，这几乎是不可能的。你现在是老板，难道你的第一份工作就是自己开公司吗？不是，只是可能在之前的工作中感到没有前途，不能实现自己的梦想，或者是工作不开心才选择离开。你所走过的路，其实你的员工也正在走着。

作为老板，你应该能够切身地感受到，目前经营中最难的，无非就是人才招不来、用不起、留不住。而股权激励所要解决的，恰恰就是这一难题。

股权激励就是要把老板解放出来，让关键员工也变身为老板，从而既成就了企业，又成就了包括老板在内的股东，更成就了变身为老板的员工，实现真正的多赢。

# 第五章　为什么要做股权激励

　　学习股权激励对于一个老板而言非常重要。老板可以把其他的事情都交给别人做，但是股权激励必须要自己全程参与，而且自己必须要知道怎么分配股权，这是作为一个合格老板的格局。

　　或许有些老板会对此不屑，过去我的公司从来就没有做过股权激励，还不是做到了现在？但是你有没有发现，当初那些和你一起创业的老员工，已经没有了当年的冲劲，而新招的员工稳定性又弱。同时，面临竞争激烈的市场，公司的运营成本又在不断地增加。在这种情况下，公司的利润能不减少吗？

　　最重要的是，现在的"打工人"已经不像过去老一辈人那样满足于一份稳定的工资，他们更具有自主意识，想自己做事业。俗话说"商场如战场"，这就好比你是一名统帅，你手下的兵都变了，却还用老一套兵法来打仗，那注定要失败。

　　现在商界带兵的趋势是什么呢？没错，就是股权激励。想要带兵打好商界的战争，首要的就是学会股权激励，如何激励手下的兵，如何合理地将权利分给他们。如果你不懂股权激励，什么都亲力亲为，那你将会很累；但如果你放权过头，又可能会被手下的兵反将一军。

　　由此可见，作为一名老板，学会股权激励是多么的重要。股权激励看似简简单单的4个字，其实是一门很深的学问。股权激励千变万化，针对不同企业、不同岗位可以设定不同的激励目标以及评估机制、激励机制、考核机制等，以激发人才、吸引人才、留住人才。懂得带人的企业老板，即使刚开始的时候单打独斗，但只要懂得合理地利用股权激励，很快就会吸引来一批人，并将优秀人才牢牢地绑在自己身边，为自己所用。

# 第一节　什么是股权激励

股权激励，从这4个字就能感觉出来，第一，它是一个激励政策，第二，它是一个激励机制。

股权激励是一种激励，只是不同于传统公司发的奖金激励。它跟公司股权相关，跟公司所有制相关，跟公司未来的资本运作相关。它既可以是一个简单的激励问题，也可以是一个复杂的激励问题。

现在，股权激励基本上成了很多公司的标准激励机制，是标配。所以，企业未来如果不做股权激励或不采用相应的机制，可能就会让员工或者外界无法理解。而且投资方在选择是否投资你时，也一定会问你有没有做股权激励、是不是要留期权池，如果不留，投资方可能就不投你。所以，大家现在对股权激励的认可度也在逐渐提高。

但不管是传统企业还是高科技企业，在某种程度上对股权激励的理解是有差异的，有一部分企业可能先知先觉，或者在这方面积累的经验比较多，但是大多数企业的理解还是有差异的。

对于未来要进行资本运作的企业来讲，是否能够理解股权激励会有很大的影响。

具体来说，股权激励包含些什么内容呢？

过去的传统企业通过给员工加工资、发奖金、添福利、颁荣誉等来提高员工工作的积极性，这些行为和股权激励一样，其最终目的都是激励员工,是企业激励员工的传统手段。

任何激励手段都可以从时间上分为短期激励、中期激励和长期激励,从内容上分为物质激励和精神激励。

其中,短期激励最能够激发团队战斗力。比如,老板说公司5年后会上市,到时候大家一起吃肉。那么,你觉得老板的这句话对员工有没有激励作用呢?几乎没有作用。但如果老板说大家把近期的工作做好,我就奖励给大家一辆车。这么说,效果就大大不同了。

由此可见,短期激励比长期激励更能激励员工的积极性,因为长期激励是促进员工的稳定性,短期激励是促进、提高团队的战斗力。

股权激励也是如此。股权及其衍生出的激励在某种程度上涵盖了中短期和中长期激励,而不是超短期激励。其实,股权激励除了完整意义上的股权之外,还有所谓分红、股票增值权、净资产增值权等。员工既能获得短期的回报,也能通过共同努力,获得更大的回报。

但是,股权激励比现金或实物等福利形式多了精神上的激励。如果员工成了股东,那么他就会认为我既是员工又是股东,和老板们的区别只是股份大小不同而已。因此,股权激励还能给人带来一种荣誉感,它涵盖了物质激励和精神激励两个层面。

股权激励不存在做与不做的问题,只存在怎么做的问题;股权激励也不是一成不变的,不同阶段、不同行业、不同背景下,它的方式是不一样的。

## 第二节　股权激励带来的价值

还是先给大家讲故事，用事实来说明道理。这个故事的主角就是国内知名品牌美的，别看如今的美的这么"高大上"，其实它的出身并没有大家想象的那么美好。

1968 年，广东顺德北滘镇街道干部何享健带领 23 位居民，筹集了 5000 元钱，创办了生产塑料瓶盖的北滘街办塑料生产组，何享健任组长。这个生产组属于一种生产自救型组织，创办它的目的，就是解决居民的就业问题。

在今天看来，这个生产组连小作坊都算不上，它的生产厂房是用竹木和沥青纸搭建的 20 多平方米的场地，所用的机器设备也非常落后。这就是如今跨国集团美的最初的"长相"。

这不禁让人想起了一句古诗："苔米小如花，也学牡丹开。"世间万物都有它的一套规则，大自然自有它的规则，植物只有顺应规则向阳而生，才能抓住机会盛放。而商业也是如此，美的即使刚起步时的体量极小，也丝毫不影响它如今盛开得比牡丹还要引人注目。这是因为，美的抓住了在商界生存的规则，这个规则就是所谓"道"。

那么，让美的成功的"道"是什么呢？没错，它就是股权改革、股权激励。

在走过初创的寒冬后，美的抓住改革开放的机会"顺天而为"，在家电行业尤其是白色家电产品方面，成为中国第一家取得自营进出口权的乡镇企业。这一举措使得美的的产品早在 1988 年就进入国际市场，与国际品牌竞争，并在当年实现产值 1.2 亿元，出口创汇达 810 万美元。

但是，美的的成长并非一帆风顺，在发展到一定体量之后，企业在成立之初留下的弊端就开始显露了出来。首当其冲的就是产权问题，也就是股权问题。美的出身"草根"，是乡镇企业，属于集体所有制，它的产权自创办之日起就没有做到真正的明晰。

为了解决这个弊端，美的的创始人做了不少努力。1992 年以后，顺德开始进行产权制度改革，何享健立即自荐，争取到了改革试点的资格。由于改制较早，美的成功跃身为中国第一家上市的乡镇企业，成功募得 12 亿元资金。

但上市并不能真正解决掉这一弊端。在上市的最初时期，美的的发展因为产权问题陷入了困境，影响到它的业绩。当地政府曾一度想让另一家电器公司科龙来兼并美的。

拥有大局观的何享健决心要在美的内部进行一场大规模的改革，他认为要想使美的得到更大的发展，就必须舍得放弃手上的一些权利。他清楚地意识到，"有舍才有得"也是企业发展的规则之一。他先是在内部建立了事业部制，将创业元老一一劝退，包括他的夫人，然后开始实施管理层回购计划。2001 年年初，美的管理层收购了代表政府的第一大股东——顺德市北滘投资发展有限公司的股权，成为真正掌控美的的主人。

其后，何享健正式卸任美的集团董事长，不久后又退出董事会。如今在集团决策层里，没有何家任何亲属，何享健本人也只是一名大股东。现任集团董事长方洪波，是在何享健"人才制度"中成长起来的顶尖帅才。从广告公司经理到空调事业部总经理，再到美的电器总裁，直到担任美的集团董事长，受益于股权激励计划，方洪波在53岁时身家已达80亿元。他的成长，除了得益于自身的才华和付出外，更重要的一点是股权激励给他带来的动力。

在股权激励实施之后成长起来的一批管理层人员，也不负众望，带领美的走上了一个又一个商业巅峰。美的先后在多个国家设立了生产基地，在2017年连续收购了日本东芝的白电业务，以及德国机器人制造商库卡。在国内，美的开始由销售导向全面转向以科技研发为核心驱动，同时在全球设立了20个研究中心，研发团队的规模达到万人之巨。

如今的美的，不再仅仅是一家家电企业，而是一家全球领先的科技集团，这一切都得益于美的的股权激励政策。

从上面的故事中我们可以看到，股权激励其实就是运营企业的"道"。这个"道"不是虚无的，而是实实在在的、有理可依有据可循的方法。股权激励能够指挥和调动一切有利于企业发展的要素与资源，使其发挥出最大的效益。

通过以上的案例，我们就大概能够窥见做股权激励的好处。现在只要具备一定规模的企业，都会有股权激励，股权激励已经成为商界的一种大趋势。如果你还在犹豫，那么就将落于人后。

概括来说，股权激励主要有以下六大好处。

## 一、对内留住核心人才，对外吸引优秀人才

随着互联网信息日趋透明化，个人创业的门槛越来越低，新一代的工作者更希望自己做事业，而不是为他人做嫁衣。过去的纯雇佣时

代已经过去，合伙时代即将到来，越优秀的人越不甘于打一辈子工，想要把优秀的人才留在企业中，就要让他们成为事业的伙伴，而不仅仅是"打工人"。

现在网络上有一句笑话："你工作再努力点，老板就能换台新车了。"听到这句话，你有什么感觉？如果你是一个老板，相信你会会心一笑。但老板毕竟是少数，打工的才是多数。想要赢得市场，就不能只顾少数人的利益，而忽略了多数人的需求。"少数服从多数"不仅仅是指在决策上要服从多数人的意见，而是在利益上要考虑到多数人，这样才能赢得多数人的心。

做事业赢得了人心，就已经成功了一半。如果别人的企业是员工努力老板换新车，而你的企业是员工努力大家一起换新车，试想，员工会更愿意为谁卖力，哪家企业会更有发展呢？而且，其他企业的优秀骨干眼巴巴地看着老板换新车，会不心动吗？这个时候，你不用花大气力去挖人，人才都会自动来找你。

由此可见，股权激励是留住和吸引人才的终极手段。股权激励能够让员工成为老板，把员工从老板的利益对立面拉到同一利益立场，为了共同的利益，谁会不拼命？现在想来，那句我们耳熟能详的"大家好才是真的好"，就是人生哲理。

## 二、有利于降低人力成本的现金支出，减轻公司即期的现金压力

过去，企业给员工的福利大多数是现金，比如底薪加提成、提成加奖金等，这些都是企业运营中的固定成本。这无形中会给企业造成一定的压力，因为不管企业业绩怎么样，这部分的支出都是固定的。

此外，如果遇上市场不景气，你把员工的底薪降了，那就注定你会失去这个员工，员工工作不再上心，导致公司业绩越来越差。因此，不管是对于企业还是员工来说，纯现金方式的福利都是不科学的。

如果你的企业刚起步，想要挖到行业骨干，除非你资金雄厚，不然就是不可能的事，因为你出不起请骨干的钱。当年，阿里巴巴初创的时候，蔡崇信为什么会愿意放弃几百万元的年薪，跑到阿里巴巴去每个月只挣500元？是因为阿里巴巴给了他股权，而且他相信这些股权未来的价值会远远超过他当时的薪资。再说，如果不给他股权，以当时的阿里巴巴，哪里给得起他几百万元的年薪，又哪里能够吸引并留住对企业发展有着重要作用的"关键先生"呢？

所以，我们要留住优秀人才，也应该这样做。比如，这个人的市场年薪大概为100万元，我们要把他挖过来，肯定要付给他超过100万元的代价。这个代价全部用现金兑现，企业现金流的压力太大，要知道，企业所需要的可不仅仅是他一个人。你能把所有的人才都以高额现金的代价吸引进来并留住吗？显然做不到。那么，我们就可以给他20万元的年薪，同时给他价值100万元的股权，在他进来以后，只要把公司的业绩做上去了，这些股权的价值肯定会超过100万元。

这样做，一方面公司不用付出这么高的固定薪资，另一方面也能激励他全力把公司做大做强，以使自己手中的股权增值。

### 三、规范并提升企业治理水平，用机制解放老板

过去，大多数民营企业都是老板说了算，企业文化也是根据老板的脾性来定，说穿了就是老板文化。这肯定是不科学的，老板手握所有权利，他事事要管，但他不可能事事精通，一个人的能力再强也有

局限性。而股权激励恰恰能够打破这种局限性，放掉一些小权，吸纳更多人的优秀能力为己所用。

当我们决定做股权激励以后，需要根据不同企业配套和规范不同的企业文化、组织架构、管理体系、考核机制、规章制度和工作流程等，来提升公司的治理水平，而且在做完股权激励后，会有更多的人像老板一样为公司操心，从而解放老板。

### 四、回报、安抚老员工，促进团队和谐

很多老板正苦恼于该怎么安置那些跟了自己很多年的老员工，他们曾经为公司立下汗马功劳，风里来雨里去，在你的心里，他们或许已经不仅仅是员工，而是一起并肩作战的兄弟姐妹。

但是老员工不代表优秀，忠心也不代表着能力。他们中的一部分人，只是因为资历而升迁。此外，即便是年轻时有能力的老员工，由于年纪问题，他们中的一部分人也已经跟不上时代的脚步了，却因为立下过功劳占着核心岗位。这个时候又该怎么办呢？于私，你不忍心放弃他们；于公，你是老板，为大局着想必须做出最利于公司发展的选择。

这个时候，我们就要学一下古人的"杯酒释兵权"了。用给予股权的方式让这些老员工从岗位上退下来，让他们发挥传帮带的余热，同时还能让大家都感到公司是一个有人情味的企业，可谓一举两得。

### 五、实现企业兼并重组，收购整合上下游

股权的另一重要用处就是整合裂变。我们既可以用现金来收购产

业链上的企业，实现产业结构的优化，也可以通过与别的公司进行股权置换，来实现产业的多元化，还可以通过公司合并组成新的企业来增强实力，甚至用股权整合上下游来实现共同快速发展。

**六、激发员工动力，实现业绩倍增**

想要激励员工，比加工资更高明的就是实行股权激励。我们前面说过，通过股权激励，能够改变老板和员工各自的立场。让员工当家做主人，他就不会觉得自己是在给别人打工，而是在创造自己的未来。这样，在公司内部率先导入股权激励机制，那么别的公司想过来挖人，一是不会得手，二是即使得手也会付出更大的代价。这个公司也会对同行业其他公司的优秀人才产生巨大的吸引力，来增加自己的筹码。所以，谁先做股权激励，谁就会抢得先机。

## 第三节　晋商乔致庸的股权激励

曾经有一部热播电视连续剧《乔家大院》，讲的是清朝著名商人乔致庸发家、兴国的故事。这部电视剧一经播出，就受到了大众的喜爱，是当年的收视冠军。

大家都知道，晋商名扬世界，而我们故事中的主人公乔致庸正是中国晋商最出名的代表人物之一，他先是以"复字号"称雄包头，后又创办了大德恒、大德通两大票号，事业做到了全国各大城市，最终实现了"货通天下"和"汇通天下"。

众所周知，晋商一向讲义、信、利，而做生意最重要的就是诚信，这也正是晋商如此著名的原因。乔致庸做生意，除了践行这几点理念以外，更重要的是，他实行了激励机制——身股制。

那么，乔致庸的身股制是什么样的呢？

在剧中，乔家的几个特别能干的老伙计出师了，来向乔致庸辞行。这也是人之常情，毕竟没有人想一辈子做学徒。而这种现象也是当时商号的惯例，一般的商号，徒弟进来4年出师后都要离开，几乎没有人会在原商号待上5年以上。即便学徒自己不想离开，其他商号的大掌柜也会以高薪将他们挖走。

在这批辞工的老伙计中，有一名叫马荀的骨干，钱庄80%的生意都是经他的手办理的，可见他的能力有多强。他当初离开家乡到乔致庸的商号当学徒，就是为了学习如何赚钱，现在出师了，自然想辞工出去赚更多的钱，正所谓"天下熙熙，皆为利来；天下攘攘，皆为利往"。

对于别人习以为常的辞工现象，乔致庸却想不通，他不明白为什么能干的伙计都离开了，而那些没能力的掌柜却一个都不想离开。师爷告诉他，是因为掌柜有身股，年底有分红。伙计没有身股，也就没有分红，干着没有动力，所以就动心思要离开。

由此可见，当时商号的分配制度是存在弊端的。像马荀这么忠心能干的伙计，虽然劳苦功高，其收入却不及掌柜的一个零头，甚至连一家老小都养不活，换了谁谁都想离开。面对这种情况，乔致庸敢为天下先，分给各号出师的伙计每人一份身股，身股由一厘起，每年按劳绩由东家和掌柜来决定是否添加。

从此，这种职工持股制度开始在中国确立起来。乔致庸把人才视为做事业、立事业、守事业的根本,他认为如果只有掌柜有身股,伙计没有,企业效益也就不可能最大化。

当然,并非所有的员工都能顶身股,只有具备一定能力以及达到规定的员工才能顶身股。而顶身股之后,为了避免伙计"吃大锅饭",不再努力工作,还会根据当年业绩或贡献大小来决定后续提升的幅度。如果业绩不佳,就会原地踏步甚至减少份额。这样,就会给伙计带来极大的动力。员工更卖力干活儿,事业自然会越做越好。

随着票号规模逐步壮大,身股越来越多。如乔家大德通票号,1889年银股为20股,身股为9.7股,到1908年时银股仍为20股,而身股增加到了23.95股(见表1)。随着身股比例的增长,顶身股的员工越来越多,每个员工所顶的份额也越来越多,因此员工个人利益与票号整体利益的关系就更加紧密。

表1 大德通票号身股激励与业绩提升

|  | 银股 | 身股 | 银股比例 | 盈利总额 | 每股分红 | 银股分红 |
| --- | --- | --- | --- | --- | --- | --- |
| 1889年 | 20股 | 9.7股 | 67% | 2.5万两 | 850两 | 1.7万两 |
| 1908年 | 20股 | 23.95股 | 47% | 74万两 | 1.7万两 | 34万两 |
| 对比 |  | 2.47倍 | −20% | 29.6倍 | 20倍 | 20倍 |

员工的收益提高了,那么东家呢?把更多的钱分出去,是不是意味着东家到手的钱少了呢?如果你这么想,就狭隘了。虽然随着商号每股分红的不断增长,员工分红及年薪比例也越拉越大,但与此同时东家的收益也是在显著增加的。以乔家大德通票号为例,从1889年到1908年20年间,虽然银股的比例变小了,但由于整个蛋糕做大了,东家最终分得的利润还是大大增加了。1889年大德通票号盈利约

2.5万两白银，虽然红利的一半以上分给了员工，但东家所分红利是20年前的20倍。

　　乔致庸通过推出伙计身股制，满足了员工的利益，充分调动了员工的积极性，也为自己赢得了更大的事业和利润。这让我想起了一句很著名的话："花在员工身上的钱，员工都帮企业十倍百倍地赚回来了。"善待员工，便是善待我们自己，善待企业的未来。

　　不过，虽然身股制度有着各种好处，但它也存在一定的弊端。到后期，身股制出现了严重的论资排辈现象，限制甚至扼杀了人才的发展，造成了优秀人才的流失。

　　这就意味着，后人需要拿出更科学、更合理的方案来激励人才，比如股权激励。不管是员工持股、管理层持股，还是股权激励、可限制性股票等，都是为了给人才引擎提供不断向前的动力。100多年前的人都能敢为人先，我们为什么不能呢？只要能为公司、为股东、为国家创造更大的效益，我们为什么就舍不得从资产里拿出一部分来激励员工？

# 第六章　走出股权激励的误区

现在的企业，需要的不仅仅是一群又一群的"打工人"，老板也不能再靠"剥削"员工来提高利润，一家企业想要获得成功，就必须集中精英们的力量。单打独斗的时代已经成为过去，老板只有拉拢员工成为自己的合伙人，才能做出更大的事业。

如果在这个合伙人时代，你还不懂得使用股权激励，那么你终将会成为孤家寡人，注定被抛弃。要记住，老板和员工之间最好的关系，就是彼此成就。

但怎么才叫懂得使用股权激励呢？它有两个方面的含义：首先，要求老板有这个意识，能够认识到股权激励的重要性；其次，要求老板对股权激励有一个基本的了解，包括股权激励的内容和模式等。

如果你不懂股权激励，那么就很可能会面临一些痛点：留不住核心人才、吸引不了优秀人才、公司成了员工发展的跳板、股东权责利不清晰、股权激励架构不合理、不懂股权激励路径、丧失公司控制权等。

想要避免这些情况发生，作为老板的你除了要对股权激励有一定的认识以外，还要了解一下股权激励都有哪些误区。

# 第一节　不懂股权激励的七大痛点

如果你不能很好地理解前面所讲的基础知识，就无法真正懂得股权激励，就会面临以下七大痛点。

## 一、留不住核心人才

对于一家企业来说，留住员工并不算什么难题，难的是如何留住核心人才，毕竟这是企业最难得的资源。为了留住人才，老板们常常绞尽脑汁想方设法，其中就包括用股权激励的方法。但在这个过程中，老板们又常常会用错方法，而一旦用错方法，最先离开的往往是核心人才。为什么呢？因为人越优秀，拥有的选择也越多。

在股权激励的过程中，导致核心人才离开的主要原因是什么呢？我们都知道，大多数员工们在得到股权后，都会为了实现企业的利益最大化而更加努力，但我们不能忽略的一点是，不同岗位的员工对于眼前收益和远期利益的认知也是有差异的。如果老板在实施股权激励的过程中无法做到"有的放矢"，将更大比重的股权向关系到企业发展的核心人才倾斜，那么就很容易伤害到他们的利益和心。

我建议老板可以按照员工对公司未来的发展价值设定激励比例，比如掌握公司核心技术、掌握企业发展重要资源等类型的员工，可以拿较大比例的股份。股权激励尽管有效，但它并不是万能的，用错了方法甚至可能产生相反的作用。

## 二、吸引不了优秀人才

在 21 世纪，最重要的是什么？人才。企业之间的竞争，往往就是人才的竞争。对于一些资金实力不强的创业公司来说，股权激励的确是吸引人才的利器之一，但请老板们记住，只有合适的股权激励制度，才能在提高原有人才的忠诚度基础上，不断地吸引外部人才。

现在很多刚创业的公司，无力支付优秀人才高薪，就会借用股权激励计划来吸引、激励他们。但在实施股权激励计划的过程中，企业拥有绝对的话语权，如果给优秀人才行权设置了比较苛刻的条件，例如要同时满足服务企业多少年、前几年的绩效要连续达到优秀标准等，就会大大削弱员工的积极性，降低企业对于员工的吸引力。

## 三、公司成了员工发展的跳板

"铁打的营盘，流水的兵"，可以说，员工离职是一家企业最常见的事了。股权激励的确能够在一定程度上降低优秀人才的离职率，但前提是要有一套合理的股权设计。股权设计可以说是一家公司的顶层制度设计，股权问题处理不得当，股东们打架、员工们离心，即使你有再好的产品、技术与运营，都会功亏一篑。

为什么有些得到股权激励的员工还是想着离开呢？因为他们拥有了更大的资本，就给了他们出去闯的底气。因此，给员工授予激励股权的同时，不可避免地要附加一些限制，比如常见的设定员工的服务期限、禁止从业竞争等。

## 四、股东权责利不清晰

股权激励用错了，收不到理想的效果，而如果没有设定好清晰的股东权责利制度，则会严重制约企业的发展。

如果股东的权责利不清晰，那么在企业发展到一定规模的时候，很可能会出现家族亲戚之争、老伙伴互相揭底的状况。如何平衡股东的权责利，做好股权布局的顶层设计是一门学问。

要想建立清晰的股东权责利制度，首先要抛弃的就是"熟人文化"。作为一家企业的老板，如果奉行"熟人文化"，就会在企业中形成一种攀亲道故的气氛，将会阻碍企业管理者日常的管理工作，导致团队的规章制度形同虚设。

我们要知道，企业和员工不仅是工作关系，还是契约合同关系。只有建立一套合理的规章制度去限定股东们的权责利，才能明确每一个人的权利、义务和责任，才能最大限度地保障每一个人的利益。这就是所谓有规矩才有自由。

## 五、股权激励架构不合理

任正非曾经说过，华为之所以能够走到今天，是得益于分钱分得好。那么怎样才能合理地分钱呢？在做股权激励的时候，首先要做的就是设定合理的架构，有了合理的架构，做好股权激励，才能帮助企业吸引优秀的人才、资本和资源。如果你的架构不合理，就无法做大蛋糕，最后酿成的可能就是"创业事故"。

那么，怎么才能做好股权的架构呢？举一个简单的例子，大家都听说过一个曾经风靡全国的餐饮品牌——真功夫吧，为什么它现在几乎销声匿迹了呢？很多人都认为真功夫的落寞是家族内斗的悲剧，实际上，它是由于股权架构不合理造成的——真功夫是家族企业，所以他们采用的是平均的股权架构。

平均分配的股权架构是最差的股权架构，不管是对创始人来说，还是对获得股权激励的员工来说，都是如此。因为这样的股权架构没有人能说了算，很容易出现内斗。所以，股权架构并不是随心而定的，一定要考虑到公司未来的长远发展。

### 六、不懂股权激励路径

做任何事都要讲究循序渐进、因时制宜。股权激励的路径，不仅仅是指在做激励之时的流程和步骤，它还有另外一层含义，那就是根据当下企业的不同需求，制定不同的股权激励方案。比如，创业公司和上市公司的激励方案就有很大的不同。

如果是处在发展阶段的企业，那么股权激励方案就应该侧重于建立机制上，这个阶段的企业无论是在资金还是品牌方面都相对较弱，因此，方案设计要让员工感受更好一点，才能吸引到优秀的人才。而处于B轮融资到IPO之间的是相对成熟的公司，已经有了一套较为成熟的商业模式，因此更有底气建立规则，形成一套体系。

IPO之后的企业，就需要尊重市场的规则。在与业务竞争对手的人才竞争中，不仅要确保激励方案能够吸引到外部的优秀人才，也要保证激励方案能够留住公司现有的人才。

### 七、害怕丧失公司控制权

如果企业实施股权激励，那么势必意味着将原有的一些权力下放给员工。比如老板将手中的许多权力和事务下放到管理层，股权激励的力度越大，被激励人员的所有权、表决权和分红权就越高，他们质疑和反对大股东的能力也越强。而且他们为了获得激励股票，会努力改善公司的管理，提升公司的业绩。如果大股东的决策阻碍了公司发展，管理层和大股东就会产生矛盾，存在争夺控制权的隐患。

但是，老板们不能因噎废食，因为怕被夺权就不做股权激励。我们应该肯定它的正面作用，通过思考股权架构、控制协议、董事会席位、公司章程、人事安排等方面，来设计合理的股权激励方案，在确保自身控制权稳定的情况下，施行合理的股权激励方案。这样，就能在发挥股权激励作用的同时，保障老板自身的权利。

## 第二节　股权激励的错误认知

### 一、基于过去的贡献进行股权激励

大家要知道，只有有目标的股权激励才叫激励，没有目标的股权激励只能叫福利。同时，股权激励的重点是激励未来，而不是为了奖励过去。过去已经成为过去，你可以用其他形式来奖励员工，但是股权不适合被当成奖励员工功劳的工具。我们要记住，它是激励员工向前努力的动力，而不是奖励员工贡献的福利。

## 第二部分 股权激励篇

在这里，给大家讲一个小故事。

某市的机场边上，有一家做了11年的化工企业。近几年公司的盈利还不错，一年的利润差不多有2000多万元，因此被一家风投机构看中，经过评估，它的市场估值为2.5个亿，当然了，这个估值中包含了企业的股份。

这家企业经营状况不错，又遇上了风投机构投钱，在这个时候，老板就想要拿出10%的股份来激励公司的员工。刚开始公司的股东们不同意，老板却认为股权激励之后，员工就会更加努力工作，业绩就能从2000万元做到3000万元甚至更多，最后股东们被他说服了，同意拿出一部分股份来激励员工。其中有一名工作了8年的总经理，由于过去劳苦功高，老板给了他最大比例的股权激励，这本来是一件好事，到最后总经理却和公司打起了官司。这是为什么呢？

原因当然还是和利益有关。总经理自从拿了公司的股份之后，除了工资以外，还获得了72万元的分红。他认为在二三线城市一年收入有个六七十万，人生已经到达了巅峰，从此工作态度就非常懈怠。公司的总经理好比火车头，如果他都没动力，那么整辆火车还能跑得起来吗？因此公司的业绩越来越差，老板也被股东们骂了个狗血淋头。

老板也很郁闷，给了员工股权却没有起到激励作用，于是他就打算将总经理撤掉，同时从他手中回购股权。总经理当然不干了，他认为自己过去任劳任怨干了这么多年，只是因为近几年工作没有过去努力了，就要被撤掉，这不是过河拆桥吗？双方争执不下，最后只能打起了官司。

看到这里，各位老板是不是突然感觉醍醐灌顶了？这位老板犯的错，正是在进行股权激励的时候，基于员工过去的贡献分配股权。还记得我们前面说过的吗？股权激励，激励的是未来，而不是过去。故事中的这位老板基于总经理过去的贡献给了他最大比例的股权激励，殊不知没有起到激励作用，反而起了负面的效果。主要原因就在于他将股权激励当成了奖励工具，而不是激励员工的动力。大家想想，如果你是故事中的总经理，每年赚的钱都花不完，还那么努力工作是为了什么？除非这份工作恰好是你的人生理想，不然谁不想享受生活，或者干脆花更多的时间去追求自己的理想？

总之，老板们要记住，对于员工的功劳，你可以用其他的福利形式去奖励，但是在进行股权激励分配的时候，一定要把握好比例。不然，"得人心"的工具，很可能最后会让你失去人心。

## 二、股权激励越分越少

很多老板不想做股权激励的主要原因，就是害怕自己的股份越分越少，获得的利润越来越少。这其实是一个常见的误区，主要原因是他们思考的方式不对。你用减法的思路去想，就会认为股权只有100%，给别人的那些都是从这100%中分出去的，自然就会感觉越分越少。

我们要学会用加法的思路去思考股权激励，比如，你把股份分出去后，收获的是更多的资源和人才，这些资源和人才都会为你赚取更多的利润。这样想，就不会觉得自己是在损失了。

此外，如果用增资扩股或者定向增发的方式，以原始股东同比例稀释来获得股权，这也是在做加法，股权就会越来越多，就能吸引更多的合伙人。对于一些中小型公司来讲，增资扩股目前是公司融资的首选之一。所谓增资扩股，就是指"企业增加注册资本，增加的部分由新股东认购或新股东与老股东共同认购，企业的经济实力增强，并可以用增加的注册资本投资于必要的项目"，而定向增发则是上市企业向满足条件的特殊投资人以非公开的方式发售股权的行为。

国内某著名打车软件公司的创始人在融资的过程中，就是通过增资扩股的方式获得了两亿元的融资。也正是因为有了这笔钱，他把企业的注册资金增加至1亿元，业务覆盖到100个城市。那么请问一下，这个时候他的企业估值是不是更高了呢？

当初他为了融资两亿元，稀释了20%的股份，他的股份只剩下80%，按公司的估值比例换算成钱就是8亿元。在公司做到100亿元之后，他又稀释了一部分股权，剩下了64.8%的股份。如果公司估值有150亿元，那他的身价是多少？100亿元左右！

可见，股份越少，身价越高；股权越少，分红越多。如果不信的话，你可以看看世界上那些商业"大佬"们，他们持有的股份比例都不会很大。因此，只要用对方法，对于老板来说，实施股权激励不仅不会损害自身利益，还能够人财两得。

### 三、股权激励针对特定人员

不少人认为，股权激励是为了吸纳人才和留住人才，因此，它针对的应该是个人，而不是岗位。这种想法就是典型的本末倒置，是很危险的。

有人可能要说了，如果我想去挖某一个人，用股权激励的方法去吸引他，不就是针对他这个人吗？

那你有没有想过，如果你单纯针对这个人做股权激励，让那批老员工怎么想？为什么这批老员工跟了你这么多年，都没有获得这么好的回报呢？如此一来，老员工不仅会对老板有意见，还很可能会排挤这位新招的人才。

给大家举个例子，以方便理解。假如张三是总经理，有10%的股份，李四是副总，有7%的股份，王五是财务总监，有4%的股份。那么我们就要明白，张三之所以能拿10%的股份，不是因为他是张三，而是因为他在总经理的岗位上。如果张三是副总，那么他的股份比例就是7%，如果他是财务总监，那么他的股份比例就是4%，跟他是谁没有关系，而是跟他在什么岗位做什么有关系。

所以要记住，在做股权激励的时候，要针对岗位而不是个人。员工能获得什么样的股权激励，不是取决于他个人的状况，而是取决于他处于什么位置，什么岗位匹配什么样的激励。不管是谁，只要在这个岗位上，就能获得与之匹配的股权激励，这样才能服众。

关于这一点，小米的雷军在成立企业之时，就已经有了一个清楚的认识。还没有注册营业执照之前，他就把公司的整个顶层股权架构设计做了一个合理的规划。什么样的人才需要匹配什么样的薪酬，都有一个清晰的制度来规范。

试想一下，如果股权激励只针对人，比如某个员工今年是副总，明年调到了总经理的岗位，那么他是拿总经理那个岗位的股权激励，还是拿副总岗位的股权激励？如果他还是拿副总的股权激励，还会有动力工作吗？显然不会。

此外，如果投资股东在公司里面处于核心管理岗位，假设公司用相应的股权比例来激励核心团队的时候，那么他也应该按照对应的岗位享受激励，而不是说公司只是象征性地给他几千块钱基本工资，或者一点相应的补贴就算了。

但是还有一些特殊情况，比如在创业初期，公司比较缺钱的情况下，没有钱正常发工资，那这个时候可以有两种做法：一种是大家都拿很少的工资，像阿里巴巴刚创业的时候，每个人500块钱一个月，或者是大家参照正常的工资进行一定的折算，比如只拿一半或者是三分之一的工资；另一种就是打欠条，现在的工资先欠着，等到公司赚钱了再补发。

因为股权的价值其实在一开始很难用工资来衡量，所以，我们在做股权激励的时候，只有对岗不对人，才能安抚和激励员工的心，发挥出股权激励应有的功效。

## 四、股权激励不设定门槛

有些老板认为，股权激励能够激励员工努力工作，因此就不设定股权激励的门槛，或者门槛特别低，只要给大家一个"内部价"，让大部分员工都获得股权激励，这样，每个得到股权激励的员工都会认真地为我赚钱了，这么想对不对呢？

其实，做股权激励最怕的事情之一就是认为给员工打个折，让员工们掏钱入股就万事大吉。这是因为，往往得不到的才是最好的。比如，当年你没有多少钱的时候，想买一辆车，是买之前有动力，还是买到手之后有动力？股权激励也是如此，它激励的永远是过程，而不是结果。如果员工很轻易地得到股份，那他还会和以前一样有干劲吗？

因此，我们要学会给员工设定一个目标，不是任何人都能得到股权激励，而是只有做出一个什么样的成绩时才能得到。

### 五、交钱才能交心

当员工达到股权激励的条件时，要不要他掏钱买股权呢？如果员工手里的钱不够，要不要不断地给他打折呢？

不少老板认为，给员工一定的折扣是可以的，员工必须掏钱，因为他只有付出，才会珍惜。但如果你认为交钱就是"交心"，那就错了，因为你把因果关系颠倒了。

一般而言，会掏钱买股权的员工，大部分都是认可公司的理念和发展方向的，员工的"心"首先要在公司，才会愿意交钱。如果你免费让员工获得股权，就很难鉴别员工和公司是不是"同道中人"了，毕竟对于送上门的东西，很少人会不要。

员工掏钱买股权，的确意味着他肯承担这其中的风险。为什么他肯承担呢？因为他对公司有足够的了解，对公司发展有信心。这样的员工，才是老板理想的合伙人。这其实和谈恋爱是一个道理，如果对方在谈恋爱的过程中对你没有足够的了解和认同，会娶你或嫁给你吗？同样的，只有让对方付出，他/她才会珍惜你们之间的关系，从而想办法去维持这种关系。

但交了钱，买了股权，是否就意味着员工永远不变心呢？那肯定不是，否则现实中怎么会有这么多人散伙的。我们要知道，人性很复杂，即使现在交了心，在公司发展的过程中，如果出现意见不一致的情况，员工还是有可能会和你分道扬镳的。

# 第七章　股权激励的内容和模式

股权激励其实就是为老板寻找合伙人的过程，让被管理者成为管理者。而做股权激励，就一定要做到有效激励，否则，就像在前面列举过的一些案例那样，给员工股权激励，不但没有得到预想中的效果，反而伤人伤己。

那么，企业老板该怎么做股权激励呢？

我们首先要看看股权激励计划都包含哪些内容，这是必须要明确的。如果连股权激励的内容都不知道，那势必就像不会开车却要上高速公路行驶，非出大事故不可。只有掌握了股权激励的内容，才能把股权激励计划设计得更合理、更完善，让这一权杖充分发挥效用而不失灵。

## 第一节　股权激励的内容

一般来说，股权激励计划包括以下几个方面的内容。

（1）激励的目的。

（2）股份的分配与资金来源。

（3）激励对象范围，也就是股权激励的对象要明确，是仅仅止于管理层的激励，还是包括公司资深员工和不可或缺的人才等。

（4）激励实施的时间表和路线图，即从何时开始实施激励计划、激励计划的进程和完成时间等。

（5）激励的模式，即以什么的模式来实施股权激励。

（6）激励的考核目标，即完成和实现什么样的业绩目标才可以获得公司的激励。

（7）有关激励的制度安排和适用法律法规等。

（8）股权激励的数量。

（9）股权的管理。

（10）股价的确定。

前面已经讲过，股权激励是一种分享公司成长的机制，能够降低员工的流动性，从而吸引和留住有用的人才。对于成长性企业来讲，这是一种将公司未来的收益折算成薪酬，降低公司人力资本上的现金支出的办法。

在制定和设计股权激励方案时，必须把公司实施激励的目的明确下来，并且与被激励对象进行充分有效的沟通，这样才能使激励方案更贴合企业的发展和员工的内心需求。

股权激励不是无条件的馈赠，无论是谁都可以成为被激励对象，而是需要做出明确的规定，是管理层还是所有职工，都需要在方案中写明。对被激励者需要运用人力资源的思维，来确立目标考核和成长安排，以确保股权激励真正起到调动经营管理积极性的作用。

股权激励计划也不能一成不变，而要根据企业发展的不同阶段的需要，进行适时的调整和完善。

至于股权激励的时间表和路线图、股权激励的数量与股价的确定等，都属于股权激励计划中的技术性细节，也必须细致而全面地考虑。

总之，包含了以上10项内容的股权激励计划，才是一个比较完整的、具有可操作性的好计划。

## 第二节　股权激励的模式

采用什么模式来做股权激励，是设计和实施股权激励计划的核心，同样必须明确，并明确告知被激励者，与其进行充分有效的沟通后达成共识。股权激励的模式因企业不同、行业不同、企业发展阶段不同，会有不同的选择，而且也会随着企业的发展不断地进行调整。

一些学者和业界人士总结，股权激励最多有10余种模式，也有的说有6种或8种，但万变不离其宗，不管何种模式，股权激励都必须要做到 5 个 "定"，即定股、定人、定时、定量和定价。这 5 个 "定" 一个都不能少。

对于非上市公司来说，股权激励的模式选择没有专门的法规加以规定，因此比较灵活，只要不违反公司法、劳动法、合同法等法律法规，并且能够实现企业发展的战略目标，什么模式都可以实施。

非上市公司做股权激励，主要应考虑以下内容，包括激励对象的人数、公司控制权的影响、公司经营现状和财务状况、公司的性质等。在这方面，华为是非上市公司中股权激励做得最成功的企业之一，我们后面会对此做深度解析。

现在，工资和奖金作为一种及时、短期的激励方式，已经不能调动管理层和关键员工的积极性，需要寻求长期的激励。这些新的激励模式决定了管理层的薪酬水平和收入结构。

下面将对股权激励模式做一个详细的讲解，这部分内容很重要，希望大家理解和掌握。

## 一、期票股票

具体做法是：由企业贷款给被激励者，作为其购买股权的资金，被激励者同样拥有所有权、表决权和分红权。但是，贷款的所有权暂时还是虚拟的，只有等贷款还清后才能拥有。表决权和分红权是实实在在的，但分红不能全部拿走，应按约定用于还贷。被激励者要使虚拟股票成为现实股票，就必须共同管理好企业，并产生剩余的可分配价值作为红利。

## 二、股票期权

股票期权是众多激励模式中最常见的一种，是指授予激励对象一种权利，使其可以在规定时间内按约定价格购买公司一定数量的流通股。约定的价格称为行权价格，约定的时间称为行权期限，购买股票称为行权。

股票期权就是购买股票的权利，具体包括4点：第一，持有人可以放弃权利，只要股票价格低于行权价格；第二，持有人没有风险；第三，权力的行使有时间和数量的限制；第四，持票人行使权利应当支付现金。

在资本市场中，企业的股价是其经营状况和竞争能力的真实反映。股票期权的行权期限一般约定在一年后，持有人将获得股票上涨带来的收益，并努力使公司业绩长期稳定增长。因此，股票期权具有长期激励的功能。实施股票期权激励的公司也必须是上市公司，因为只有上市公司才有合法的股票来源来实施股票期权。

## 三、股票增值权

股票增值权与股票期权相似，一般与股票期权同时实施。不同的是，被激励者并不像期权行权那样要购入股票，而是直接对股票的升值部分要求兑现。可以是全额兑现，也可以是部分兑现；可以用现金兑现，也可以转换为股票兑现，或者是以现金加股票的形式兑现。

## 四、限制性股票

限制性股票是为特定计划设计和实施的一种激励机制。所谓限制性，是指有条件限制出售该股票的权利，例如规定了几年的限制期。当激励对象获得限制性股票时，不需要支付现金，只要满足一定条件，就可以无偿获得股票，但限制期内不得随意处置。如果持有人在期限内因个人原因离开公司，则股份将被收回。

实施限制性股票是为了鼓励管理层把公司的长期战略利益放在首位。公司战略目标实现后，股价可以上涨到一定价位，公司将把限售股无偿交给管理层。只有当公司股价达到或超过目标价时，管理层才能卖出股票变现。

## 五、业绩股

业绩股是指在年初确定一个业绩指标，如果激励对象在年底前完成业绩目标，公司就授予其一定数量的股份或允许其提取一定数量的资金购买公司股份。

业绩股是一种典型的股权激励模式，主要用于激励管理者和企业领导者，具有明确的量化指标，这种模式是在中国企业中出现最早、应用最广泛的一种模式。

## 六、账面增加值权

账面增加值权即以每股净资产增加值作为激励。它不是真正的股票，因此被激励者没有所有权、表决权和分配权。

## 七、职工持股

职工持股是由内部职工个人出资认购公司部分股份，委托企业集中管理的产权组织形式。

职工持股制度的核心是通过职工持股将职工利益与企业发展结合起来，形成按劳分配与按资分配相结合的利益分配机制。员工持股后，不仅会有获得利益的预期，还会承担一定的投资风险，有利于调动员工充分参与企业经营的积极性。职工持股人或者认股人必须是企业职工，所持股份不得转让、买卖和继承。

## 八、虚拟股票

企业授予激励对象账面上的虚拟股票，激励对象可以享有股利权和股价增值收益，但没有所有权、表决权，不能转让和出售，退出企业时自动失效。

## 九、管理层收购

管理层收购是指管理层购买公司股份或股权，实现股权管理。通常的做法是公司管理层与职工共同出资成立职工持股会，或者公司管理层出资设立新公司作为收购主体，一次性或者多次收购原股东持有的公司股份，从而直接或间接成为公司的控股股东。

此外，还有一种延期支付的方式，即公司为激励对象设计一个薪酬收入计划，部分工资本年度不支付，但按公司当日股票市场价格折算为股数，存入公司单独设立的递延支付账户。一段时间后，按期末股票市值以公司股票或现金的形式支付给激励对象。

激励对象通过延期支付计划取得的收益，来源于公司股票在一定期间内市场价格的上涨，即计划实施与激励对象行权之间的股票差价收益。如果转换后存入递延支付账户的股票在行权期间市场价格上涨，激励对象将获得收益，否则激励对象的利息将遭受损失。

以上就是在股权激励计划中会用到的模式。这些模式并不是在同一企业的同一时间内同时采用，而是要根据企业发展阶段及实际需求，采用其中最合适、最实用的，并且要根据市场变化做出适时调整。其目的只有一个，让股权这一权杖效用永葆。

股权激励的内容和模式多种多样，必有一款适合你的企业。前提是你要充分了解这些内容和模式，然后根据企业自身的实际情况来做出选择。

## 第三节　华为的股权激励思想

华为在它成长的 20 多年时间里，从一个默默无名的企业，用农村包围城市的战略，最后成为世界 500 强企业。能有今天的成就有多种原因，但是股权激励功不可没。

华为现在持股员工达到几万人，它未来几乎没有可能上市，所以说股权激励并不是上市企业专有的，它是一个非常重要的激励机制，只是不同的公司有不同的方式方法。

华为的股东为工会委员会（即华为员工的持股会）和任正非，其中任正非以自然人身份持有的股权比例为1.01%，工会委员会持有98.99%。工会委员会持有的是虚拟受限股，员工只有分红权，而没有所有权、表决权，也不能进行买卖，一旦离职则自动丧失相关权益。因此可以说，这98.99%的股份是没有明确的主人的，真正控制它的是高管团队，而华为最大的高管就是总裁任正非。所以即使不在海外上市，通过一些公司架构、《公司法》也可以去实现控制人以小股份控制整个公司。

在华为发展史上，针对股权激励做了几次关键性的动作。华为的股权激励是在1990年开始实行的，因为公司发展需要资金，也需要激励团队，这时候与其把利润给别人，找银行贷款，找外部融资，还不如给自己人。因此，华为开始向内部融资，1元钱一股，然后把每年15%的利润拿出来给员工分红，既解决了当时公司发展的资金问题，同时也激励了团队。这可以说是最为契合当时环境的一种非常单纯、非常淳朴的股权激励思想。

到了2001年，华为组团去美国参观、留学，回来之后，针对公司当时的情况，请美国咨询公司开始推出现在大家看到的所谓虚拟受限股，就是工会委员会持有公司股票，向员工发行虚拟受限股，员工不再实质上持有华为的股票。这个虚拟受限股不仅仅有分红，还会随着净资产的增长有一些溢价。

比如，虚拟受限股持有者的净资产从1元钱涨到了5元钱，其中增值的4元钱就是享受公司发展的增值。换言之，华为在内部建立了一个股权交易中心，以其净资产作为股权的定价，这是华为目前最主要的股权激励方式。

在推行虚拟受限股的过程中，华为受到了互联网泡沫破灭等的冲击，业绩大幅度缩减。这个时候，任正非出了一本书叫《华为的冬天》。2003年，由他带头，全体管理层降薪，与公司共渡难关。

股权激励是从方案颁布那天开始产生激励效果的，等股权真正到手里的时候，激励效果已经打折了，所以股权激励一定是持续激励，而不是一锤子买卖。鉴于此，在开始的几年，华为每年都会进行配股。

到2008年，华为发现每年持续配股不行。因为它是在1987年成立的，开始配股的时候员工基本上也就是工作几年的，最多也就是10来年。后面时间越长，员工可能就有工作20年的了，职位也在升高，每年都配股，结果发现越配越多，所以又开始推出饱和配股制度。

比如，你在这个职位上是18级员工，那你在这个职位上最高的配股额度就是多少。如果你没有升职或者调岗，那么就不再每年进行配股了，所以叫饱和配股制。

这样，到下一个时代的时候，可能又会出现问题了。1990年内部融资员工持股，2001年改为虚拟受限股，到了2010年又得改，为什么？因为过去的配股方式已经不适合新的时代了。

到这时，你可能对华为股权激励背后的逻辑思维比较清晰了吧。

首先，只要企业在发展，外部商业环境变化一定会影响到股权激励实施的方式方法，所以，如果拉长时间段来看，股权激励不是一成不变的，它会随着时间变化而发生一些变化。

其次，股权激励方式一定是与你的激励思想相关的，像华为手册上就明确写有它的核心激励思想。其实每个企业都会逐渐形成在很长一段时间内难以改变的激励思想，只是有的人讲出来了，有的人没有明确讲出来。

总的来说，股权激励要向奋斗者倾斜，一定要做有效激励，也就是所谓"高层要有使命感，中层要有危机感，基层要有饥饿感"。高层有使命感，就是要让高层干部有事业心，用任正非的话来说就是"有钱也干，没钱也干，我就是爱干这活儿"；中层要有危机感，就是要让中层有责任心，不要老觉得四平八稳，只能上不能下，而是要对工作高度投入，追求不懈改进，否则干不好就要下；让基层有饥饿感，就是要让员工有企图心，包括对奖金的渴望、对股票的渴望、对晋级的渴望、对成功的渴望等。

# 第八章　对内和对外股权激励的秘籍

前面说过，老板的股份分出去越多，那么他赚的钱就越多。这就意味着，股权激励其实是老板通过分出去一部分股权的方法，吸纳进来更多为自己赚钱的人才。这些钱从哪里来呢？自然是来自市场和竞争对手。因此，股权激励分的就是市场和竞争对手的钱。

股权激励的过程，就是团队一起努力把蛋糕做大的过程。做的人多了，才能做大蛋糕。当然了，同一市场或行业中，做蛋糕的材料是有限的，只有有能力的人，才能快速抢占这些资源。股权激励就是将那些能抢占资源的人吸纳进来的方法之一，如果单靠老板一个人干，是抢不过同行的。让更多的人帮你做蛋糕，再用这个大蛋糕赚钱，就是做股权激励的意义。

由此可见，股权激励并不是仅仅针对企业内部的员工，还有外部的一些资源。而实际上，股权激励也的确可以分为对内、对外两种形式。

## 第一节　对内股权激励的六大招数

### 一、超额激励法

超额激励法主要是指在公司当年所获净利润超过利润激励目标的前提下，依据相应超出目标的比例，分区间计算相应的激励奖金（具体数额及比例由公司股东会决定）用于公司员工激励的一种方式。

超额利润分红激励这种形式，一般适用于净利润达到1000万元的企业，当公司净利润超过该目标时，建议按表2所对应的超额比例区间，分别计算相应的奖励，给予员工激励。

表2　不同区间及其奖励计算比例

| 超额比例 | 20%（含）以下 | 21%~50%（含） | 51%~75%（含） | 76%~100%以上 |
| --- | --- | --- | --- | --- |
| 计算比例 | 25% | 35% | 40% | 50% |

比如，公司原定的利润激励目标为1000万元，经审计后实际净利润为1500万元，总共超出目标500万元，超额比例为50%，根据超额金额的区间分别计算如下。

超额20%（含）以下对应部分为100万元，该区间计算奖励为：$100 \times 25\% = 25$（万元）。

超额21%～50%（含）对应部分为400万元，该区间计算奖励为：400×35%＝140（万元）。

激励总额度＝各区间计算的金额之和（25＋140）＝165（万元）。

若公司经审计实际净利润为900万元，低于利润激励目标1000万元，则超额利润奖励为0。

此外，就像我们前面提到的，做股权激励的时候，要对岗位不对人。要根据不同岗位的员工，制定分配比例，但当企业引进某岗位导致新增的激励对象流失时，则在股权激励总股数中相应增加或减少与该职位价值相对应的股数，而总的用于计算激励款项的激励比例不变。

同时，每个岗位当年最终拿到的股数是以其年度实际绩效考评的结果为准。比如，总经理职位的预授虚拟股数为160万股，作为现任总经理年终如通过考评实际拿到的股数为150万股，则总经理年度计算激励股数为150万股，而公司总的计算激励股数也应做相应的调整。

可以套用下面的两个公式。

激励对象每年实际获得的激励比例＝激励对象每年实际获得的虚拟股数量／所有激励对象实际获得的虚拟股数量之和

激励对象每年实际获得的超额利润分红金额＝该激励对象每年实际获得的激励比例 × 当年超额利润分红总金额

## 二、在职分红法

在职分红，顾名思义，就是公司向激励对象实际发放利润分红时，要求激励对象必须在岗在职。在职分红激励不仅能增强员工的归属感，还能增加员工的荣誉感。员工不仅可以获得工资收入，还能享受公司利润的分红，让员工觉得享受了股东的部分利益，就会把公司的事业当成自己的事业。

那么，该如何做在职分红呢？

**1. 确定激励对象**

在做股权激励的时候要对岗不对人，是我们反复强调的一点，在职分红也是如此。该激励什么岗位的人，不同的企业有不同的考虑，取决于哪些岗位或人与企业的利润增长有直接关系。

在职分红激励对象通常有一定的职务级别和工作年限要求，具体激励范围要视企业激励的目的而定。比如，某家企业对于在职分红的条件就设定为：入职满1年；过去2年内没有发生重大违反职业操守事件；认可和践行公司价值观；公司认可的未来战略型人才或为企业创造重大价值贡献者。

**2. 设定考核目标**

做在职分红激励，要制定合理的考核目标。目标设定要做到长期目标与短期目标相结合。比如，长期目标设定为1年，短期目标设定为1个月。长期目标的设定在于引导员工关注企业长期战略目标，而短期目标设定则主要在于引导员工进行业绩提升与突破。

**3. 确定分配额度**

不同员工的股权分配额度，要综合考量企业的利润额及盈利能力、激励对象人数及需求、企业整体薪酬及福利水平、企业市场竞争环境等方面。

**4. 确定考核方式**

在职分红激励作为一种激励方式，必须要有考核机制，否则就会变为"吃大锅饭"，人人都依赖他人，自己努不努力都能有饭吃，完全起不到激励作用。

**5. 确定退出机制**

退出机制可分为过错性退出和非过错性退出。

过错性退出最常见的就是违法、严重违反公司规章，或者对公司造成严重损害、在特别约定的股权激励锁定期内离职、擅自处分激励股权或期权等。

非过错性退出指非员工自身过错的原因，但由于其他特殊情况而需要退出股权激励范围。比如工作表现不能达到预期目标、未在行权期内行权、在特别约定的股权激励锁定期之后离职、到达法定退休年龄、死亡或失踪等。

根据以上这些情况，在设计股权激励退出机制的时候，要注意以下要点。

首先，在设计股权激励退出方案时，应对企业阶段性发展规划和预期的核心员工绑定期限进行考虑，来制定退出前的锁定期和限制期。

其次，根据前面提到的锁定期和限制期，设定合理的退出价格计算方式，这样才能起到激励员工的作用，也能避免给员工造成无法兑现承诺的错觉。

最后，要尽可能降低激励股权回收成本和风险，选择一些风险较低的回收股权方式。这样，当需要退出股权的时候，企业就能够以最低的代价回购员工股权。

## 三、实股激励法

实股激励作为股权激励的一种类型，是最为直接、简单、有效的股权激励方式，既能激励未来，同时也能解决员工的后顾之忧，当有一天他们干不动的时候，还可以继续享受公司剩余价值的分配。

实股激励就像婚姻关系，所签订的股权协议就是那一纸婚书，上面约定了双方的权利和义务。实股是员工在企业所实际拥有的股份，它能让员工拥有股东的各种权利，比如投票权、表决权、继承权、转让权、分红权等。得到实股，员工就可以参与公司重大决策，是受法律保护的、真正意义上的股东。

为了保障原有股东的权力，同时约束员工，老板可以根据各人员任职岗位的岗位价值系数确定激励股数。比如，各激励人员根据持股比例认购 20% 的注册股权，剩余 80% 为虚拟股考核激励，分 5 年考核期限，每年根据各岗位制定 KPI 考核指标，根据完成指标系数确定每年的虚拟股份额，并在 5 年后方可行权注册股份。

具体怎么设置各激励对象预授期权额度，可参考如表 3 所示的分配方案。

表 3  分配方案

| 序号 | 姓名 | 职务 | 股权激励份额 | 实缴金额 20% | 实缴持股比例 | 虚拟股份额 80% |
| --- | --- | --- | --- | --- | --- | --- |
| 1 | A | ×× | 3 万股 | 6000 元 | 0.03% | 2.4 万股 |
| 2 | B | ×× | 2 万股 | 4000 元 | 0.02% | 1.6 万股 |
| 3 | C | ×× | 1 万股 | 2000 元 | 0.01% | 0.8 万股 |

当然，我们还要制定好相关的绩效考核指标，用于测评该激励对象的年度绩效表现，根据各激励对象绩效考核得分得出其绩效考核系数。比如：绩效评分≥90分，绩效考核系数为1；80分≤绩效评分<90分，绩效考核系数为0.8；70分≤绩效评分<80分，绩效考核系数为0.6；60分≤绩效评分<70分，绩效考核系数为0.5；绩效评分<60分，绩效考核系数为0。

虽然实股激励法能够让员工得到更为实在的利益，但如果是未上市的公司，变现就会比较困难；而如果是上市公司，股权转让变现往往要在锁定期外的时间，也要受诸多时间和约定条款的限制，并不像虚拟股份一样容易变现。

同时，企业收回代价相较其他激励法也更大，没有约束条件得到的股权，往往要付出高出常规几倍的代价才能收回。不过，总的来说，这种激励方法也不失为稳定优秀管理人员的选择之一。

### 四、虚拟股激励法

虚拟股激励和实股激励最大的区别就在于，它一般只有分红权，而没有其他股权附带的权能。如果说实股激励是婚姻关系，期权激励是恋人关系，那么虚拟股激励就是婚外恋关系，在这段关系中，员工无法像股东那样享受实际的权利。

所谓虚拟股模式，是指企业通过与员工签订协议，授予其一种虚拟的股份，如果员工能够实现企业的业绩目标，则员工可以根据其持有的虚拟股的比例享受分红或者其他现金激励。但是，从法律角度来说，虚拟股激励的实质是员工与公司通过协议，来享受一部分股权带来的利润，而非真正持有股权。

因此，在企业授予员工虚拟股的时候，并不需要经过任何公司审批或登记程序。由于员工并不实际持有股份，因此也无法向第三方转让虚拟股。

简单来说，就是公司授予员工的虚拟股，其股份实际上还是掌握在公司手上，即使签订了虚拟股协议，公司的股东也始终没有增减，也并非由原股东帮员工代持股份。

对于创业型的企业来说，虚拟股激励的确不失为一种不错的形式。但是，正如我们前面所说的，在虚拟股激励中，员工并不能算是真正意义上的股东，没有实际的权利，这就会导致员工对企业的归属感下降，很容易在达不成业绩或公司经营不善时选择离职。因此，如果企业希望留住某个优秀的员工，还是建议让员工直接或间接持股。

### 五、创业股激励法

对于创业型的企业来说，想要挖到优秀人才，却给不起高工资该怎么办呢？股权激励是一种不错的选择。但同时，创业股激励法也是一把双刃剑，处理不当会留下隐患。一般来说，创业股激励法有以下几种方式。

**1. 现权激励**

现权激励，顾名思义，就是员工直接获得公司股权，在成为公司股东的同时，也可以享受股东的权利并承担相应的义务。

员工获得现权激励，主要可以通过创始人赠与、原值转让、股权代持、低价出让等方式。被激励的员工可以不花一分钱获得股权，或者以较低的价格购买创始团队股权，又或者以较低的价格增资成为公司股东。相对来说，员工以出资的方式进入创业企业，更能发挥资金效能，对于员工来说也更有激励作用。

### 2. 期权

所谓期权，就是由企业设定一个优惠条件，让员工在未来某个时点购入公司股权的权利。员工可以根据行权时公司的状况，选择购买或者不购买股票的权利。

由于不同类型的创业公司之间有一定的区别，它们的期权价格定价也有所差异。建议根据公司的净资产值、业绩目标来综合确定，基于利润增长率、净资产收益率等计算未来期权的定价。

同时，在确定期权价格的基础上，给员工设定一个购入股权的条件。比如，现在最常见的创业型企业就是社交类的互联网创业公司，它们可以根据活跃用户数、交易流水量等来考核员工的业绩。

至于分红，则是在确定公司当年分红业绩后，再根据员工手持的虚拟股份占比进行实际分配。

## 六、老功臣激励法

过去，不少老板都有一个认知上的误区，认为所谓老功臣就是"没有他，就没有企业的今天；有了他，就没有企业的明天"，既忌惮陪自己打下江山的老功臣权力过大，"谋朝篡位"，又害怕他们跟不上时代的潮流，占着核心位置不干正事或干不了正事。

无论是过去还是现在，无论是开国皇帝还是企业创始人，对于老功臣都是又爱又恨。如果安置不得当，他们在岗位上无法再为企业创造价值，而新员工又进不来，企业就会缺乏新的前进动力；如果安置得当，不仅能给企业带来新的力量，还能提升员工的归属感。

那么该如何安顿好老员工呢？一般来说，主要有以下几种方法。

**1. 老功臣在职感恩激励**

当员工达到一定的工作年限后仍然在职，公司可根据其职位及薪酬状况等，按一定的比例额外支付一部分薪酬，存入员工指定的账户，以感恩其对公司做出的贡献。可以根据员工的任职级别、工龄设定不同的感恩薪酬支付比例，具体可参考表4。

表4　感恩薪酬支付比例及计算方式

| 职位等级 | 工龄 | 支付比例 | 计算方式 |
| --- | --- | --- | --- |
| 总监及以下岗位 | 5～10年 | 3% | 员工上一年年度薪酬总额（无责任底薪＋岗位补贴）× 支付比例 |
| | 10～20年 | 5% | |
| | 20年以上 | 8% | |
| 副总及以上岗位 | 5～10年 | 5% | 员工上一年年度薪酬总额（无责任底薪＋岗位补贴）× 支付比例 |
| | 10～20年 | 8% | |
| | 20年以上 | 12% | |

感恩薪酬可以支付给员工的直系父辈、祖辈或配偶，每人最多可指定2名支付对象，并建议在次年一月份直接发放到激励对象指定的账户中。因为到了年底，不少人都想离职，如果在这个时候给员工指定亲属发放感恩薪酬，他们就会为公司说好话。一般员工指定的受益人，都是自己最亲近和最信赖的人，这个时候给予激励往往能起到事半功倍的效果。

**2. 老功臣注册股激励**

对于在企业任职满一定年限且仍然在职的员工，也可以实施老功臣注册股激励。也就是说，员工可以获得注册股激励，一次性完成所获全部股份的注册登记。如果在激励时期内发生重大变化，比如合并、重组、转让，则提前加速注册。

至于激励额度，可以根据下面的这个公式来计算。

被激励员工所获股份额度＝该员工入职第 N 年的年度总薪资／公司市场价

这种形式的股权激励，股权一般来源于公司原有的股东转让。举例来说，如果你设定的条件是员工入职满 6 年即可获得注册股激励，那么当某员工入职第 6 年时，其年收入为 20 万元，公司当时的股价为 20 元／股，则该员工能够获得 1 万股注册股激励。从该员工于公司任职的第 7 年开始，3 年期限届满，其即可依约注册成为持股公司的股东，并相应地通过持股公司持有公司 1 万股股份。

### 3. 老功臣退休金激励

以上两种方法，都是针对入职有一定年限但还没有特别长时间的员工。那么，对于一些在企业干了 20 年以上，临近退休的员工又该怎么办呢？在这批员工退休后，可以根据他们在企业前最后 12 个月的平均工资的五分之一（视公司盈利而变动），来设定他们的退休金比例。最长发放周期可以是在公司服务的连续年限，若审计未盈利，则公司有权取消当年退休金分配。

看到这里，有些老板可能会觉得这样成本太大了，而且这些员工都退休了，不能再为企业做出贡献了。但你要有一个意识，那就是给退休的老功臣退休金激励，不仅仅是出于道义考虑，更是在树立你的企业文化。

所谓厚德载物，一家企业有道义文化，才能吸引到更多优秀的人才为你卖力，才能让更多的同行和资本认同你。这其实和股权激励的的重点——"激励的是未来，而非过去"大同小异，激励过去的功臣，就是在激励未来的新人。

**4. 老功臣创业基金激励**

什么样的员工适用于创业基金激励呢？当然是那些自身能力强，懂得整合资源，自己又想创立一番事业的人。老板们不要以为自己让优秀的员工出去就是在为他人铺路，也不要害怕他们会成为自己强劲的对手。你要有一个意识，就是大家好才是真的好。什么意思呢？这些优秀的人才，如果闯出了一番事业，那将是你最优质、最强大的人脉。

在商场中最重要的除了人才，还有什么？人脉。你就好比大树的根，这些从你这里出去的优秀人才，他们闯下的事业，都是大树延伸出去的枝干，他们不仅不会吸干你的养分，还能在关键的时候为你遮风挡雨。

那么，具体该怎么实施这种激励方式呢？可以与激励对象共同成立公司，有限公司持股不超过20%，出资金额原则上不超过100万元。同时，给被激励的员工设定一定的条件，比如新成立公司经营业务必须与有限公司或主体公司不形成任何形式的竞争关系。这种激励机制，最适用于销售型固定投入的公司。

老板们要记住，在做事业的过程中，只有成就他人，才能成就自己。老板和员工，应该是互相成就的关系。

## 第二节　对外股权激励的合纵连横

我们前面说过，股权激励最终分的还是市场的钱，那么就意味着做股权激励目光不能只停留在企业内部，还要考虑如何才能和市场更好地衔接。

老板要想把公司做大做强，仅做好企业内部的激励是远远不够的，需要全方位地思考。无论企业有多强大，自身的资源总是有限的，因此，我们要学会对社会资源进行整合利用，充分调动这些资源为己所用。

## 一、上下游激励法

如果你是一家企业的老板，那么你会不会担心你的位置被取代？如果我们永远夹在厂家和下游之间，就会很被动，那么，如何能让我们的地位变得更加牢固呢？首先，可以采取上下游激励法。一般来说，上下游的股权激励有以下3种模式。

### 1. 向下区域性合作

现在大部分知名品牌都有连锁店，它们会在各大城市设立销售公司或者和当地的经销商成立合资公司，比如华为、格力等。这种做法的好处是，不仅便于和经销商有业务上的往来，也为经销商设立了担保。

### 2. 横向平行上的合作

简单来说，就是你的主体公司跟上下游合资打造新的公司，主体公司和上下游都可以通过这个新的公司进行合作，比如百丽鞋业就是这样，它把这个新的平台打造成上市公司，再把原来的生产工厂收过来打通上下游。

### 3. 直接持有主体公司的股份

某些体量较小的经销商或者供应商，可以直接拿到主体公司的一部分股份，这种股权激励一般是虚拟股，就像我们前面提到的期权。这样，主体公司就能够与经销商和供应商建立一种更为牢靠的合作关系。

以上 3 种上下游激励法，第一种方式比较保险，对主体公司的损伤较小，第二种方式能够给企业带来更大的发展空间，而第三种方式，做得越好，拿到的股份越多，公司在上市之后溢价空间就越大。

### 二、股权众筹法

股权众筹法是指企业通过出让一定比例的股份，让普通投资者通过投资入股公司，这种基于互联网渠道而进行融资的模式被称作股权众筹。

股权众筹法对于特定的项目优势还是比较明显的，因为它不仅仅能帮你筹集到资金，更重要的是，它还能帮你筹集到客户。比如，某家企业通过股权众筹的方式开了一家连锁咖啡店，众筹股东分别入股了不同位置的咖啡店。那么，这些股东日常见一些朋友、谈一些事情，必然首选这个品牌的咖啡店。

通过各种众筹的方式，企业能够拓展人脉和资源，进一步打通企业与外部的联系。

股权众筹法其实不仅仅是通过激励你的加盟商来提高业绩，更能够建立一种人与人之间的纽带，从而推动业务发展。但这种方法的劣势是，管理众多股东相对来说比较麻烦，股东的参与度较低，对项目发展的贡献有限。

### 三、股权溢价融资法

简单来说，股权溢价就是指股票的收益率要大于无风险资产收益率的现象。而股权融资是指公司的股东愿意让出部分所有权，通过增资的方式引进新的股东的融资方式。由此，我们就不难理解什么是股权溢价融资了。

企业在不同发展阶段的融资方法也有所不同，而第一轮融资往往是最重要的。第一轮融资是企业验证自身外部价值的最佳途径，对企业来说，也是它直面市场的第一次考验。当然了，外部资源和内部员工都可以通过融资获得股权。比如，某家企业前段时间溢价30%进行融资，同时在定增中还附带着员工激励。在这次融资中，企业的5名高管和核心员工出资2460万元，认购了其中的20.5%。

这种筹钱和激励并行的案例并不少见，它既能够让企业人财两收，也能拓展外部资源，对企业后续开发新市场非常有利。

## 四、股权布局法

我们前面提到过，如果股东的权责利不清晰，就会带来无法预估的损失。而股权布局就是为了明确合伙人的权责利，既能够帮公司稳定发展，也便于创业公司进行融资。股权布局的背后，一般连接着一家企业的资源配置、利益分配与企业管理，关乎一家企业的发展。只有布局好股权，才能助力公司吸引人才、资本与资源。

合理的股权布局（比如持股不超过30%），既能够让你的公司员工都有机会成为股东，又能激发其他合伙人加入你的事业。那么，股权布局该怎么做呢？我们需要遵从以下几个原则。

### 1. 要有核心创始人

核心创始人要拥有足够控制公司的股权。如果股份不多，那么就需要借助足够多的控制工具，比如搭建其他形式的有限合伙平台，或者是小股占大的表决权等。创业公司如果没有核心创始人的话，那么这个公司一般也走不远。

### 2. 预留一部分股权

预留的股权给谁呢？首先，可以给核心员工。比如，当创业公司需要大量人才又发不起高额的工资时，就可以通过股权来吸引和留住人才。其次，还可以给投资人。创业公司要想得到大的发展，免不了要对外引入强大的资金，引进投资人就需要给其一定的股权。

### 3. 利益架构要合理

我们都知道，股权不等于分红权，股权所附加的表决权、控制权等权利是不可转让的，但分红权是可以转出去的。因此，需要设立一个合理的利益冲突防范机制，以避免拿着股权的离职员工跑到竞争对手那里去工作，占着股权给竞争对手干活儿，或者员工离开以后拿着你公司的客户和资源和你竞争。

由此可见，企业不仅仅要做好内部员工的股权激励，还需要通过外部激励把供应商、经销商绑定在一起，这样企业的竞争就不仅是单个公司的竞争，还是整个产业链在参与竞争，你的供应体系、营销体系跟别人完全不同，你的格局和高度超出别人一大截，你的竞争力就会非常强大。

大家可能都听说过一个鞋业品牌——百丽。1992年刚创立时，百丽只是一家资产200万港元的小厂，它凭着迅速占领商场和街边店等渠道，经过短短15年的发展，2007年5月在港交所成功上市，上市之初市值便高达670亿港元。百丽在全国的门店数量多达两万家，市值更是一度超过1500亿港元，成为中国最大的鞋履零售商。百丽为什么发展得这么快呢？就是因为把股权运用好了！

如果经销商销量上去了，但是产能跟不上怎么办？在企业中，通过股权激励，与上游供应商和下游经销商建立战略合作关系，是企业实现细分行业寡头经营的良好选择。让供应商与经销商持有公司一定份额的股权，享有公司股权增值带来的收益，从而使得供应商和经销商与企业之间不仅仅是关联企业关系，更是成为利益共同体。

在企业外部，通过股权并购整合可以快速扩大市场规模，通过经销商、供应商、投资方的股权捆绑结成更紧密的利益相关者，最终通过资本市场的杠杆效应，引领企业走向细分市场寡头地位。通过对股权激励方案的设计，最终可以实现供应商、企业、经销商等多方利益相关者的共赢。

# 第九章　股权激励的魔鬼细节

做股权激励之前，一定要先做股权统筹与布局，不然会很容易走进我们前面提到过的股权激励的误区。就好比一栋高楼大厦，如果地基不稳固，工人在建造的时候随便填塞，那么这栋楼最终会成为"豆腐渣"工程，建得再高也有随时倒塌的危险。

俗话说："居安思危，思则有备，有备无患。"如果你的企业未来有上市的打算，在进行股权激励之前，就更应该做好股权统筹和布局，以免却后患。要是在缺少合理的布局前就贸然吸引人才进入，不仅伤害了人才，而且也会伤害企业。想要优秀人才和外部资源认同企业，认同企业价值，就需要向他们展现出企业的专业风范和专业水准。

那么，该如何打好股权激励的"地基"呢？

## 第一节　股权激励有哪些原则

在打"地基"之前，我们需要搞清楚一个问题，就是在进行股权激励时，要遵循哪些原则。不要以为这个问题不重要，不同的企业状况不一，就好比有些企业要盖大楼，有些企业要盖别墅，他们所打的"地基"是不同的，而不同的"地基"打法，都需要有一个模范来加以规范。股权激励也是如此。

股权激励的目的就是通过撬动或整合资源，包括人力资源、行业资源、资金等，从而推动企业发展壮大。而围绕着撬动或整合资源，股权激励具体可以参考以下几个原则。

### 一、股权激励是动态的

大部分人认为股权激励只要把股权分下去就行了，但其实所有的股权都应该是动态的，即便是老板手中的股权也不是永远不变的。有些员工一旦获得股权激励，就不思进取了，认为自己不用干也能赚大钱，从此自己的人生可以"躺赢"了。其实这是不对的，只有股权是动态的，才能激励大家努力工作，比如华为的员工股份，每分每秒都在变动，不思进取就会面临淘汰。

## 二、股权和薪酬成反比

先举个例子。某教育企业在创办第二家培训学校时，很可能会把第一家培训学校的副校长或者储备校长调过去当校长。这个时候，问题就来了，这位校长在第一家培训学校时很可能是没有分红的，那么，他现在是校长了，他的底薪、待遇是不是应该比原来的更好？而这个好又该怎么体现？是提高他的底薪和待遇，还是给他分红？

其实这些做法都没有问题，但有一点一定要记得，就是让他拿到的薪资要有一定的挑战性才可以。其实很多时候，越是高级别的领导，他们的固定薪资总量可能是比员工高的，但是其整个收入的构成比例中，不确定的那一部分占的比例更大。我们在做股权激励的时候也是如此，员工的基本工资可能稍低，但是需要更努力工作才能得到的薪资就相对要拉大。

## 三、激励和约束成正比

"欲戴皇冠，必承其重"，这句话很有道理，就好比你获得多少激励，自然就会面临多大的约束。高收益背后，势必意味着高风险。

此外，不同企业的实际状况千差万别，即便是同样的股权激励模式，所产生的效果也会不同。因此，企业在制定股权激励计划的时候，最忌讳的就是照搬其他公司的模板，甚至上网随便下载一个。只有量体裁衣，才能制定出最符合企业发展需求的方案。

同时，每位员工的价值也都不同，要保障股权激励的效果和可行性，在选择股权激励时，也要兼顾到员工的报酬。如果激励力度过小，就无法让员工有动力，如果力度过大，则会给公司带来资金压力。

原则清楚了，如何实施股权激励呢？流程是什么？下面就给大家一一讲解。

## 第二节　股权激励计划"六定法"

不管是上市公司，还是非上市公司，在制定和实施股权激励计划时，都可以参考下面的"六定法"。

### 一、定对象

前面给大家讲过，股权激励除了激励内部员工以外，还要整合内外部的资源，而我们想要确定股权激励的对象是谁，就需要思考哪些人能给我们的企业带来这些资源。具体来说，可以参考以下几个原则。

**1. 未来价值原则**

"天下熙熙皆为利来，天下攘攘皆为利往"，这个"利"，在股权激励中就是指未来的"利"。我们都知道，股权激励是一种较为长远的激励计划，除了考虑员工的历史贡献外，更应把重点放在员工未来能给企业带来什么价值上，以预估其未来创造的贡献或价值来衡量激励比例。所以，还是那句话，股权激励的是未来，而不是过去。

### 2. 不可替代性原则

股权激励的目的之一，就是留住核心的优秀人才，让优秀人才为企业做贡献，从而实现企业和员工的双赢。而股权是一种稀缺资源，这决定了股权激励有必要限制股权激励计划的参与人数。那么，该选哪些人呢？很简单，当名额有限的时候，谁的不可替代性强就选谁。

### 3. 公平公正原则

我们在确定股权激励对象的时候，最怕的就是任人唯亲，因为这样就会导致股权激励缺少公平、公正。当然了，公平、公正不意味着平均化，而是追求实质性的公平、公正，也就是说，只有在同等条件下同等对待、在不同情况下区别对待，才能做到具体问题具体分析。

## 二、定数量

定数量，顾名思义，就是指企业要拿来做股权激励的额度是多少。这个数量的设定原则是：在确保激励对象有积极性的基础上，还要确保公司治理的安全。那么，该怎么兼顾这两点呢？

首先，确定企业的薪酬制度。先去了解同行的同岗位薪酬，再对比自己企业的工资，是偏高还是偏低。

其次，要根据激励对象的岗位价值来分配股权。老板们要根据岗位价值模型评估员工在未来一段时间内能为企业创造多少价值，以此来推算这个岗位上的员工应该拿多少股权。

最后，还要融合行业水平与个人需求。比如，某家同行企业的总经理年薪大概是 50 万元，而自己企业的总经理希望年收入达到 80 万元，那么就建议老板可以根据市场平均水平为其提供一个合理价位的工资，然后未达到个人期望的部分用股权激励的方式去补偿。这样就能够在减少现金支出的基础上满足对方的需求，同时激励了对方。

做好以上几点后，再对下一年可分配利润与现值之间的差异做个预测，转换成一个合理的比例，就能大概计算出获得股权激励的人数。

## 三、定价格

在股权激励方案中可以要求激励对象付出一定对价，以利于获得员工的认同感，更深入地与公司绑定。股权激励价格一般包括激励对象购买股权时的价格，以及转让时的价格和退出时的价格，后续可以在股权管理环节进行设置。

股权激励的股权价格，可以参照公司财务报表净资产值、公司上一年度经审计的净资产值、公司最近一期经评估的净资产值、公司最近一次的对外融资估值、同类企业采用相同股权激励模式所确定的价格等指标确定。

## 四、定时间

定时间，就是确定什么时间考核，在职分红周期3年，虚拟股周期3年（根据自己企业的实际情况而定），注册股实际上是6年，把这些一步一步地转化过来，也是一个梯度。股权激励方案设计中有关时间的概念有多个，比如整个股权激励计划的周期（起止时间）、期权模式中的行权期、分期授予的每个期间、锁定期、限售期等。一般来说，整个股权激励计划的周期是"行权期＋禁售期＋限售期"的总和。

在职的时间之内需要相互磨合，员工的能力也需要相应验证，这是对企业负责，也是对员工负责。

### 五、定考核

老板最重要的工作是找人才，企业的人才体系就像一支军队一样，如果没有体系，就无法保持活力。而考核指标制定部门就好比军队的统战部，要明确好部下的岗位和目标，什么岗位什么职责，什么职责什么指标，都要清清楚楚，如果统战部不能制定清晰的考核方案，那么军队打战就会迷迷糊糊，很容易让敌人攻击到你的弱点，或许最后敌人还能不战而胜。

所谓"千斤重担万人挑，人人头上有指标"，就是这个道理。同样，做股权激励也需要考核指标。简单来说，股权激励考核的主要是大家的工作内容，比如上级的安排、岗位的职责、客户（外部客户、内部客户）的需求等，考核标准也就是看员工做得怎么样。那么，如何来衡量员工做得怎么样呢？具体要抓住以下6个要点：数量、质量、时间、成本、上级满意度、客户满意度。

#### 1. 数量

即该项任务在数量上如何进行考核，主要包括完成业绩的数量等。

#### 2. 质量

完成业绩的数量越高，质量未必就越高，因此，也需要制定一个质量指标，比如产品的品质或者服务的态度等。

#### 3. 时间

通常时间考核就是看你有没有在预定时间内完成工作，是否有拖延的行为等。比如，在设计公司中，有一份图纸需要在某年某月某日之前交初稿给客户，那么设计师就要在这个时间段内完成工作，这就是时间上的考核。

### 4. 成本

我们做任何工作都需要付出一定的成本，比如广告公司要策划一场活动，那么策划人员就要按企业的相关要求控制成本，在预算范围内完成工作，或者公司给你批了一笔用于全年营销活动的经费，那么你就要用这笔钱尽可能地做出更好的效果。花多了不行，但是也不能花太少，不然领导就会认为你做这些事花不了什么钱，下一年的拨款自然会减少。因此，关于成本这方面的考核，也不仅仅是花钱越少越好，花得少也有可能代表其没有用心去做事，要制定一定比例的完成度，才能促使其主动工作。

### 5. 上级满意度

每一个岗位都有相对应的直属领导人，那么，上级可不可以对下级打分？当然是可以的。一般来说，直属上级最了解员工的表现和工作能力，设置这一项是很有必要的，但是占的比例不能过大，因为还要考虑到上级的个人喜好问题。

### 6. 客户满意度

一个企业的客户满意度是最重要的。若是客户不满意，就会流失客户资源；若是客户非常不满意，他不仅会流失，还会传播、扩大负面影响。客户不满意不是一个部门的原因，而是一个系统性的原因，包括产品的设计、定价、交货速度、品质等，诸如此类的事情不是一个部门能解决的。因此建议先考核公司的领导班子，然后考核直接给客户提供服务的部门或岗位，包括销售、售后服务、交付团队等。

客户满意度一般可以通过主管员工考核工作的上级、员工所处的职能部门以及客户来获取，其中最重要的还是客户的评价，我们可以通过客户满意度调查来了解。客户满意度调查的难点在于不能过于频繁，而更多的是在了解总体概况时使用，因为客户没有义务配合你。

以上这些要点，又可以概括为两个方面：绩效目标和行为表现。

比如，一家公司给营销总监定的是一年1000万元的销售目标，那么，如果今年完成1000万元以上，销售目标这一项的得分就是满分；如果业绩完成率是90%，那么这一项的得分就是90分；如果业绩完成率低于80%，那么这一项的得分就是零分。

此外，哪怕你是股东，也必须要保证出勤率达到80%、不能利用职务之便贪污腐败等，否则这一项的得分也是零分，严重的话，甚至会取消对你的整个股权激励计划。

总之，要把关键考核指标都设计出来，给到每一个股权激励对象，做成年度的股权考核机制，以避免"吃大锅饭"。

## 六、定退出

股权激励是有条件的，给予激励对象部分的股东权益，如果没有提前制定好合理的退出机制，那将影响今后公司股权激励的实施和公司的正常运营；另一方面，没有退出机制，员工将怀疑股权激励的真实性，特别是让员工花钱买的股份，会让他们认为是公司缺少资金来骗取投资的。所以一定要设计退出机制，不单是为了保证企业发展不受阻，而且能够使员工和老板之间关系和谐，持续共赢。

但是，在实际的运作过程中，很多老板并没有系统地去设计股权激励的退出机制，甚至好多人连这个想法都没有。做企业，我们一定要事先明白一个道理，没有任何人可以陪你走一辈子，所以我们必须要提前想到可能发生的意外，比如合伙人拿到股份以后不做事怎么办，能力与股份不匹配怎么办，离职单干或者是跑到竞争对手那里了怎么办，贪污腐败怎么办，泄露公司机密怎么办，发生意外丧失劳动能力或者是死亡了怎么办，离婚了怎么办，等等。著名的天使投资人徐小平说过一句话，"不要用兄弟的情谊来追求共同利益，要用共同利益来追求兄弟情谊"，做企业就是这样，讲究的是规范，丑话要说在前面。

所以，我们必须要提前去想这些问题，提前去设计、制定股权激励的退出机制，一般来说有以下几种方式。

### 1. 合作伙伴预期管理与提前约定退出机制

我们应该预先设置好股权退出机制，约定合伙人离开公司后应退的股权额度及退股的方式。初创企业的股权价值是所有合伙人长期持续地为企业服务而获得的收益，因此，当合伙人离开企业时，就应该以某种形式退出股权。对其他合伙人来说，这样也有利于他们继续在公司工作，保证公司的持续稳定发展。

合作伙伴获得股权，是基于大家对公司发展前景的长期看好，愿意长期合作。在企业成立之初，合作伙伴积累的少量资金，并非其拥有的大量股权的真实价值。股权的主要价值是，所有合伙人长期受公司约束（例如4年），通过长期服务公司获得的股份。如果不设立退出机制，允许中途退出的合伙人拿走股份，这对退出的合伙人虽然是有利的，但对其他长期创业的合伙人是不公平的，也是不安全的。

### 2. 股东中途退出和股票溢价回购

退出的股东的股权回购方式只能通过事先约定的方式进行。当股东中途退出时，公司可根据当时公司的估值回购其手中的股权，回购价格可根据当时公司的估值适当溢价。

**3. 设置高额赔偿条款**

股东协议中，可以设置很高的违约金条款，以防止合伙人退出公司而不同意公司回购股权。

具体操作方式如下：在一定期限内（例如1年内），约定由创始股东代持股权；约定合伙人股权与服务期挂钩，股权分期成熟（例如4年）；股东中途退出，公司或其他合伙人有权以股权溢价方式回购退出的合伙人不成熟的甚至已经成熟的股权。

对于离职不交股行为，可以提前约定高额的违约金，以避免司法强制执行带来的不确定性。

我给大家讲一个真实的案例，以此加深说明制定退出机制的思路。我有一个朋友，是一家企业的老板，他和几位朋友一起创办了一家公司，因为大家都是好兄弟，所以当时并没有制定退出机制。一年之后，有一个股东不想干了，要离职，他手上持有企业15%的股权，那么，这个时候该怎么办呢？我那位朋友当然想回收这部分股权，但是这位股东怎么都不肯交出来，最后付出了相当大的代价才回收了他手上的股权。

可见，忘记约定退出机制后续有多么麻烦。所以，最好还是未雨绸缪，提前制定好退出机制。在这个世界上，任何关系都离不开利益牵扯，越是亲密的关系利益牵扯就越紧密。上面案例中的朋友关系是如此，婚姻关系更是如此。

不知道大家有没有听说过这么一件事情，当时土豆网在美国申请上市的时候，优酷也紧跟着申请上市。但是在即将上市的关头，土豆网创始人的妻子提出离婚，同时要求分割财产。对于美国市场的投资者来说，公司控股股东因为离婚失去控制权，这是非常大的变动和风险，最后导致后提交申请的优酷网反而先上市，而土豆网创始人最后花费上千万才解决了这个问题。由此可知，股权退出机制也涉及婚姻关系问题。离婚这种突发事件是一个问题，遇到股东去世也是一个问题。如果没有提前约定好退出机制，局面就会很混乱。

我建议，老板们在公司章程里面可以明确约定，持股人去世以后，所持股权不发生继承，大家可以给其配偶以及继承人以一定的现金补偿。比如，按照当时公司的实际估值，或者当年净利润一定的溢价，补偿给这个股东的配偶或者继承人。

从某种意义上来讲，股权退出要比进入更加重要。实施股权激励，股权退出机制的安排不可或缺，否则必然会导致股权激励的失效和失败。

## 第三节　做股权激励有"地图"

通过上面几点，我们就能大概打好股权激励的"地基"了，接下来要开始"盖楼"，也就是如何来设计股权激励。

虽然说"在商言商"，但是你不可否认的是我们所处的是一个人情社会，在商业世界也是如此。因此，我们在设计股权激励的时候，要注重"制度为主，人情为辅"，不能单一地靠某一个指标进行权衡。

很简单，我们可以从以下几个层面去分析。

首先是老板想要什么，担心什么？老板愿意拿出一部分股权给对方，是为了让对方能够尽心地把老板的事业当成自己的事业。在这个过程中，老板担心的莫过于对方不能长期待在公司，同时失去对公司的控制权，还有就是，如果员工离职的时候带走了公司的资源，又该怎么办？

其次是激励对象想要什么，担心什么？老板有自己的担心，员工自然也有自己的担心。一般来说，几乎所有的员工都有自我生存保障的需求，他们工作拿的基本工资就是最基础的保障，能够让他们吃饱饭，而分红则是这些员工的动力所在，只有明确分红的指标标准，才能降低他们的损失风险，因此对他们来说，最担心的莫过于财务是否透明、公开。

通过以上的分析，再结合项目所在的行业、地区、团队等情况进行规则的设计和制定。无论是做股权激励还是股权设计，最主要的思维模式是提出正确的问题，找到符合的答案，形成理解的文字，签订合作的协议。

在理顺思路后，股权激励的设计其实只需要如下几个步骤。

第一，确定公司形式。是个体工商户，还是合资企业，抑或是外资企业，不同类型的企业对于资金的需求有所不同，在制度上也有所不同。只有确定好企业的形式，才能按需分配。

第二，确定股东人数及类型。比如一家企业有3个股东，其中两个人只出钱，不参与实际的经营管理，而另一个人出一部分钱加上技术出资。不同类型的股东的分配比例也有所差异。

第三，确定股比及进退机制。按照股东的情况，建议先把股份分为资金股与技术股，以3年为考核期，共同商定每一年的资金股与技术股的权重占比，形成一个动态的分配模型。

比如，企业第一年的净利润是100万元，那么，根据第一年的权重占比，则资金股可分得80万元，技术股可分得20万元。

对于技术股来说，由于未投现金，负责经营和以技术出资，所以要对其进行约定，可以根据年度销售额或者利润等指标设置如下：技术股的分红＝销售额的实际完成率 × 销售额。

此外，思考股权激励的设计方式，还不要忘记以下几个非股权方面的问题。

**1. 股权激励的设计要方便日常运营管理**

股权激励的设计要方便日常运营管理，也就是说，关键要解决激励人还是激励岗位的问题。对于处在成长期的企业来说，其业务模式不太固定，兼岗、轮岗现象很普遍，在这种情况下，岗位价值就不应该成为确定股权激励力度的依据。而对于处在成熟期的企业来说，其业务模式趋于固化，员工的能力发挥在很大程度上取决于其所在的岗位，此时，进行基于岗位价值的评估对于确定股权激励力度来说非常重要，不仅可以最大限度地调动员工的工作积极性，而且也更加便于企业的日常运营管理。

**2. 股权激励要能创造经营者**

股权激励属于薪酬组成的一部分，它既是物质激励，也是精神鼓励。

股权激励是让经营者获得股权，使他们能够以股东的身份参与企业决策、分享利润、承担风险，从而勤勉尽责地为公司长期发展服务的一种中长期激励办法。这里非常明确地指出了股权激励的对象，就是经营者。

对于股权激励对象来说，虽然拿到了企业的股权，也得到了分红，但很多人从心态上并没有转变过来，还是打工者的心态。其实对于老板来说，是希望在这个过程中能将他们培养成合伙人，大家一条心，共同做一件事。

很多企业老板都很辛苦，为什么？因为企业里只有老板为净利润负责。那么，老板要想轻松一点，要想让这个公司发展得更快，就不仅要发现经营者，更要创造经营者，大家一起为企业赚钱，再一起分钱。

**3. 股权激励设计要考虑到公司的发展规划**

在不同的发展规划下，企业的发展路径和运营模式以及老板自身的精力配置都会有所不同，而后者更为关键。

比如，有的老板认为某个项目很好，但他只是投资启动这个项目，然后就把它交给了职业经理人，至于公司的未来和战略发展，他并不会多加考虑。其实，不管在什么样的情况下做出怎样的安排，都要看老板自己的布局，这就是所谓"小老板做事，大老板做势"的道理所在。

股权激励设计，是需要我们在创立企业之初就必须做好的。但如果你一开始没有做好股权激励设计，出了问题之后，能不能解决呢？当然可以，参考我在前面为大家讲过的主动疗法和被动疗法即可。

# 第十章　股权激励不是"万金油"

股权激励机制最早产生于 20 世纪 70 年代的美国，之后，由于有的管理层挥霍公司利润，有的管理层为了满足自己的私利，浪费投资人的钱，进行很多低效和无效的投资，为了抑制这些问题的产生，业界和学界开始考虑如何协同管理层和股东的利益，并在事前的合同中加以约定。

当时采用的方法主要有两种：一是在某种条件下赋予管理层一定的股票，即股票激励；二是在一定条件下给管理层以某个价位买入一定数量公司股票的权利，即股票期权激励。其目标就是扩大管理层的股权，希望管理层的收入和企业的长期成长挂钩，所以被叫作股权激励计划。

但是，股权激励计划不是"万金油"，它无法弥补人性的弱点。比如，很多员工在获得股权激励之后，对工作就懈怠了，没有了动力，这个时候就会阻碍到企业的发展。此外，有一部分员工在获得股权之后，为了谋取更高的个人利益，在幕后操纵市场，这也会给企业带来不可估量的损失。

因此，每一位老板都要认识到股权激励计划背后的弊端，并学会用人力资源的思维去看待股权激励，这样才能最大限度地发挥出股权激励的效用。

# 第一节　股权激励计划的弊端

任何事物或制度都有两面性，股权激励机制有积极的作用，也有一些副作用，并不是说实施了股权激励一定就万事大吉，有时也会出现一些负面的消极影响。另外，也不是所有人都对股权激励看好，比如巴菲特就认为，股权激励计划只是肥了高管们的腰包，没有真正地提高公司的业绩水平。

股权激励虽然是促进企业发展的利器，但是如果这一利器没用好，就很容易会伤到自己。那么，股权激励的弊端何在呢？

### 一、股权激励有可能会给公司造成一定的资金压力

虽然股权激励相比现金福利给企业带来的资金压力较小，但当公司激励计划覆盖的人数过多，又或者激励计划设计不合理时，也有可能会给公司带来一定的资金压力。因此，我们在做股权激励的时候，一定要重视股权激励的设计。

### 二、提高人为操纵的可能性

有些持股人为了获取更大的利益，有可能会用其他不正当的方式

来刺激股价的上涨，比如人为地推迟企业正常费用的支出以优化财务报表等，这些行为虽然能在短时间内实现更高的利润，但无疑会给公司埋下一定的隐患，甚至可能会给公司带来不可挽回的其他损失。

### 三、其他弊端

除了前面提到的两点弊端以外，股权激励还具有收益不确定性的弊端。比如企业以期权为对价发给激励对象，但之后发现股价持续下跌，这样一来激励对象只能选择不行权。这也意味着其勤勤恳恳地为公司业绩提高做贡献，却毫无回报，其收益甚至低于激励计划之外的其他员工。因此，股权激励的人员范围也要合理地设置，这样才能最大限度地避免此类事情发生。

## 第二节　用人力资源的思维来看待股权激励

任何形式的股权激励都不是无懈可击的，它一定会存在这样或者那样的弊端。但瑕不掩瑜，总的来说实行股权激励对于企业还是利大于弊的，只要我们学会如何合理地运用它。

在业界，流传着一种人力资本理论，认为股权激励和人力资源密不可分。随着科技的发展，在经济增长的过程中，人力资源的重要性越来越大。而人力资本的所有者是属于员工个人的，如果没有一套行之有效的激励制度，员工的积极性将难以被调动。基于这一理论，员工持股、股权激励成为必要的人力资源管理方式。

当今，人才成为企业发展的核心竞争力，那么，一家公司怎么才能吸引并留住优秀人才？老板怎么才能让优秀的老员工稳定地为企业服务？其实，股权激励是解决企业人力资本开发与人才激励问题最有效的工具。健全、有效的股权激励机制，从实质上来说，就是企业的人力资源制度之一。这套制度对企业长远发展起着至关重要的作用。

随着资本市场及国家法律政策的不断完善，股权激励已形成了多种模式，但是，如何从自身实际情况出发，灵活运用激励方式，设计符合企业自身发展的股权激励机制，仍然是很多企业面临的难题。

那么，我们该怎么做呢？无论处于何种状况，企业都要破除股权激励的困局，确立一种很重要的思维，也就是人力资源管理的思维，主要包括以下几种。

### 一、绩效考核思维

股价不仅受市场影响，而且也往往与高管的努力有关，对此一般采用的方法是在人力资源管理中引入绩效考核的思想，在股权授予、行权等关键环节设计绩效指标，只有当高管完成业绩目标，才能获得或套现股数。它一方面可以解决高管的努力程度问题，另一方面也可以抵消一些内幕交易和控股的风险。

### 二、价值评价思维

价值评价思维是在绩效考核思维的基础上引入的，这是一种基于职位、能力和绩效的综合评价方法。根据这个价值来确定每个人应得的权益金额。

### 三、动态激励思维

从人力资源管理的角度来看，任何激励手段都是边际效用递减的。因此，股权激励应设定一个期限，期限过后，应重新调整股权激励计划，使这些被激励人员得以持续"激活"。

### 四、人才梯队思维

针对高管离职后可能变现的问题，公司应在人力资源管理中引入人才梯队思维。实际上，在股权激励的设计中，存在着所谓等待期、行权期和禁止期。即使股权可以出售，也不允许立即出售，还有解锁期。一般来说，当股权能够完全变现时，它已经伴随着公司数年甚至更长的时间，这段时间足以让高管们追求别的东西。这个时候公司要重点考虑的问题是如果这个人走了，谁能马上弥补，怎么培养这些人，这样就不会给工作带来波动。因此，要形成人才梯队。

### 五、管理沟通思维

在整个激励过程中，都需要这种思维。很多企业在发行股票时并不注重沟通，但在人力资源管理中，沟通是一项核心工作。比如，要把激励的原则和方法对被激励人员说清楚，让每个人都有公平的感受和今后努力的方向。激励机制得到被激励人员的认可比激励机制本身更重要。例如，我们需要传达公司未来的愿景，如果被激励人员对公司的未来不乐观，那么股权激励将失去其意义。

总之，股权激励的设计必须落实在"激励"两个字上。股权激励的本质是激励,就是用有限的资源满足人们的无限欲望,而在用有限去争取无限的时候,规则比什么都重要。

## 第三节　爱尔眼科的合伙人计划

在中国创业板市场上,有一家被称为"创业板第一牛股"的上市公司——爱尔眼科。爱尔眼科之所以成为"创业板第一牛股",得益于它所实施的合伙人计划。

爱尔眼科从事的是毛利较高的眼科业务,与其他医院相比,爱尔眼科更需要大量的专业工程师和技术人员,但是民营医院在人才的感召力方面处于劣势。

为此,爱尔眼科推出了合伙人计划,吸引优秀的技术人才和管理人才作为合作股东,共同投资设立新的医院(包括新建、并购和扩建),待新医院达到一定的盈利水平后,再由爱尔眼科通过增发、支付现金等方式纳入上市公司体系,完成对相关合伙人的激励。

爱尔眼科这一激励计划,目的是解决两个问题:一是加大对优秀人才的吸引力度,在给予高薪的同时,承诺以投资收益、利润分红,让医疗专业人才从打工仔变为老板,激发他们的奋斗热情;二是缓解渠道扩张的资金压力,通过对未来收益的预期,抵消外部投资人对回报期较长的担忧。

爱尔眼科实施的合伙人计划分四步走。

第一步,从2014年起,陆续开始与第三方合资组建产业并购基金，用12.68亿元自有资金，撬动了72亿元的产业基金。爱尔眼科基于上市公司对并购基金不具有控制、共同控制或重大影响的特点，采取了不并表的模式。这种模式对上市公司的业绩影响很小，只有当被投资方发放现金股利时，爱尔眼科才可以确认投资收益。因此，这一模式被叫作体外孵化。

第二步，由爱尔眼科内部的核心技术人才、管理人才担当GP（General Partner，即普通合伙人）、LP（Limited Partner，即有限合伙人），组建若干有限合伙企业。

第三步，由产业并购基金出大头，有限合伙企业出小头，共同投资新医院。由此，爱尔眼科既利用了社会资金带来的杠杆，又实现了对核心人才的激励设计。

第四步，在新医院进入盈利期后，由上市公司爱尔眼科对新医院进行溢价收购。上市公司获得新增营收和利润，产业并购基金的投资人以及爱尔眼科的内部合伙人获得投资收益。

爱尔眼科的合伙人计划是一个闭环：产业并购基金和内部合伙人赚取投资收益，爱尔眼科增加营收和利润，二次收购时的定向增发投资人通过"炒股"赚钱。

在合伙人计划实施之前，爱尔眼科每年新开医院只有6家，合伙人计划出台后，每年新建医院多达30多家。到2019年年底，爱尔眼科在国内共开设门店364家，在海外地区开设77家。这一计划奠定了爱尔眼科"创业板第一牛股"的王者地位。

综上所述，关于股权激励的要点总结如下。

股权激励不是万能良药；

股权激励重在长期激励；

股权激励计划应有明确的目的性；

股权激励必须以公平为原则，否则就无法起到正面的激励作用，反而会使人心涣散；

股权激励计划的设计中，退出机制非常重要，它关乎企业所有权、控制权的稳定，关乎人才的接续和团队的稳定；

股权激励计划不能一劳永逸、一成不变，而应随着企业发展阶段的不同，进行适时的调整和完善。

# 第三部分

# 股权融资篇

## 把蛋糕做大了再分

股份越少,身价越高。

# 第三部分　股权融资篇

前两个部分主要讲述了股权的本质、为什么要做股权激励和怎样来做股权激励，这部分要讲述的是利用股权来融资，通过股权来撬动社会资本，为企业发展注入充足的资金流。

股权融资讲的其实是有关资本运作的故事，因此，我们有必要先了解一下资本市场。

股份制和资本市场是一对孪生子，股份制是资本市场形成的一个前提，而资本市场则是股份制能够运行的终极支撑。

资本市场是什么？资本市场又被叫作长期资金市场，通常是指由期限1年以上的各种融资活动组成的市场。由于在长期的金融活动中，涉及的资金期限较长、风险较大，却具有长期稳定的收入，类似于资本投入，所以叫资本市场。

资本市场上主要有两种人，一种是寻找资本的人，另一种是提供资本的人。前者通常是企业或政府，他们用股权作为标的物，为手中的项目寻求资本的投入和支持。后者则是手中持有大量资金，想利用资本投入的方式，通过买入和卖出资产来获取长期利益。

融资是资本市场的主要功能。说起融资，大家应该了解一件事情，就是融资是分直接融资和间接融资的。直接融资就是企业利用股权换取资本的投入；间接融资则是企业通过银行等金融机构获得贷款。二者的主要区别是：直接融资不需要还本付息，但是要让渡股权以及股权的收益，间接融资则需要还本付息，但是股权不会发生转移和改变。

证券市场，即我们常说的股市，是资本市场的重要组成部分，也是资本市场得以活跃和流通的核心。资本拥有方以资本投入获得股权，最后是要在证券市场变现来获取利益的。从这里就可以看出证券市场的重要性了。如果没有证券市场的存在和健康运营，资本的获益就无法变现，没有了这个出口，也就没有投资者进入资本市场中来，整个社会的资本市场就会萎缩和死灭，社会经济的运行就会失去活力。所以，资本市场可不是人们通常理解的炒股的股市，它具有融资与变现两大功能。

那么，股权融资与股权激励有什么关联呢？我在前面讲过，股权激励最终落地，是要实现财富的再分配，由过去一个人或少数几个股东分配企业所创造的财富，改为由众多为企业创造财富做出努力付出辛苦的人来共享财富。财富的变现，则需要资本市场的股份交易功能来完成。

股权融资一方面可以帮助企业把蛋糕做得尽可能的大，另一方面也可以在资本市场上市交易为目标，通过上市，让企业获得融资以及把所持有的股份变现的资格。所以，股权融资实际上是在为股权激励打造一个终极的出口。

下面，我们就进入正题，讲一讲如何利用股权撬动社会资本，获得发展急需的资本支持。

# 第十一章　为什么要让资本来分你的蛋糕

企业越是赚钱，往往意味着它越是缺钱。生意要想做大，就必须要有源源不断的资金支持。特别是在企业刚起步的阶段，需要通过不断投入大量的资金来做产品研发、拓展市场等，这些都是花钱的过程。在这个过程中，几乎是赚不了什么钱的。这个时候，就需要和其他资本强强联手，获取更多的行业资源，才能走过创业的寒冬阶段。因此，股权融资就成为很多企业解决资金短缺、资源不足的选择之一。

所谓股权融资，是指企业的股东愿意让出部分企业所有权，通过企业增资的方式引进新的股东，同时使总股本增加的融资方式。股权融资所获得的资金，企业无须还本付息，但新股东将与老股东同样分享企业的赢利与增长。

股权融资是所有融资方式中获利最为长远的，它就像给企业注入了源源不断的"活水"，而不像通过借钱周转等方式使企业背上债务和利息。

说到底，企业进行股权融资，就是通过让资本来分蛋糕的方式给企业注入资金力量。只有蛋糕分得越多，才会获得更多的资源；只有做蛋糕的人越多，才能做出更好更大的蛋糕。

■ 股权的力量

## 第一节　股权融资是为了做大蛋糕

我们先通过一个小故事来让大家理解股权融资的意义。我们都知道，阿里巴巴能够做得这么大这么强，除了其创始人自身的能力不容小觑外，更得益于他做企业的眼界和思考方式。我们来看看其在创业之初，面对资金短缺是如何做抉择的，或者能够从中得到不少启发。

1999年，阿里巴巴的几位创始人凑了50万元，在一栋居民楼里开始了漫漫创业路。他们看准了互联网的巨大潜力，开创了中国第一家也是最大的互联网电商平台。但是，众所周知，互联网行业就是一个烧钱的行业，50万元根本做不了什么。很快他们就面临资金短缺的问题，这时他们没有选择去找银行贷款，而是选择了股权融资。

在权衡利弊之后，他们选择了世界顶尖的投资银行——高盛，进行了其第一次股权融资。为什么选择高盛呢？除了高盛表现出的诚意以外，还有两个方面的考虑：一方面是看中高盛在国内和国际上的名声，它是世界知名的投资银行，有利于阿里巴巴提高国际知名度；另一方面，当然是因为高盛强大的资金能力，能够给阿里巴巴提供源源不断的资金支持。这一步棋可谓一箭双雕，既获得了资金支持，又提高了企业知名度。

事实证明，这次选择是正确的。在这次融资中，阿里巴巴成功获得了第一笔高达500万美元的风险投资，同时，此次融资也成为轰动一时的特大新闻。

有了这次知名企业的背书，在2000年互联网寒冬来临前，阿里巴巴获得了雅虎最大的股东、有"网络风向标"之称的软银高达2000万美元的投资，再次获得了业界的广泛关注。也正是因为这笔投资，在其他无数互联网企业倒下的时候，阿里巴巴安然度过了互联网的寒冬，冲出重围，崭露头角。

2004年2月，阿里巴巴又获得了一笔高达8200万美元的投资，这笔投资由软银领投，富达、TDF和GGV共同出资。

经过这几轮融资，阿里巴巴的股权已经开始稀释。创始人及其团队手上的股权只占47%，其他分别由软银占20%，富达占18%，其他几家股东占15%。可能外行人会说，这不是把自己的蛋糕分出去了吗？但创始人深知舍不着孩子套不着狼的道理，有舍才能有得，没有融资资金的加入，阿里巴巴根本不可能获得长远的发展。

在创业路上，创始人的思路一直很清晰，他们一直都知道自己想要的是什么，因此不在乎分出去的那点蛋糕。融资几次后，阿里巴巴计划上市。

2005年8月，雅虎给阿里巴巴投入了10亿美元巨资，获得40%的股份，成为阿里巴巴发展史上最为重要的融资之一。雅虎投资阿里巴巴，称得上是全世界风投史上的经典案例。

2007年阿里巴巴成功在香港联交所上市，IPO价格为13.5港元，获得了高达15亿美元的融资资金。2012年，阿里巴巴用原价回购卖出去的股份，也就是用5年前的价格，买回了净利润增长数倍的股权。这一轮操作，相当于让阿里巴巴借了一笔长达5年的无息贷款。

2014年9月19日，阿里巴巴终于正式在纽约证券交易所挂牌上市。随着纽约证券交易所的钟声敲响，阿里巴巴完成了全世界规模最大的上市融资，股票发行价为每股68美元，开盘价为92.7美元，较发行价上涨36.3%。当时，只有谷歌公司才能与之较衡。

回顾阿里巴巴的融资之路，无论是私募融资、公开上市募集，还是私有化退市后再次上市，每一轮融资过后，阿里巴巴的身价都水涨船高。由此可见，融资对于阿里巴巴的发展起着至关重要的作用。

看到这里，大家或许就能理解到我们开头讲的，为什么一家企业越是赚钱，越是缺钱。如果想做大做强，就意味着要不断投入更多的资金。其实做生意在本质上都是一样的，无论你做的是大生意还是街头小生意，没有"进货"成本的投入，又哪里能获得利润收益？

随着市场规模的扩大，需要用钱的地方就随之增多。当然，做过生意的人都知道，钱花出去了，并不能在第一时间回本，这就意味着企业在赚钱的过程中，会不断面临来自资金的压力。阿里巴巴的创业之路就是一个很好的例子，当资金出现问题的时候，每一次融资抉择都决定着企业存亡。

为什么每一次面临资金短缺，阿里巴巴都选择了和资本合作的方式来融资呢？一般来说，当企业需要用钱的时候，融资的方式有很多种，比如把产业抵押给银行，向银行借钱，但是这种方式需要承担贷款利息。还有向亲朋好友借钱，但是只能借小钱，对于企业来说这点钱根本不够用。此外还有高利贷，这是最不可取的一种方式，可能企业还没赚到钱，就被高额的利息拖垮了。而企业债券这种方式，门槛又比较高，需要很多部门层层审批。剩下的就是股权融资了。股权融资不但能弥补资金的缺口，还能顺带提高企业知名度，的确不失为企业融资的最佳选择。

在互联网时代，无论是大型企业还是中小型企业，都进入了资本和资源高度竞争的时代。因此可以这么说，企业竞争其实就是资本和人才的竞争。如果企业想要进一步地扩展，就必然需要大量的资金支持，而这部分资金可以通过融资的方式来解决。

融资已经成为现今大部分企业老板解决资金短缺的首选，几乎所有赚钱的企业都有过融资的经历。以全球通信行业最知名的企业华为为例，众所周知，在华为的经营理念中，非常注重现金流，但即便如此，华为也免不了要走融资的道路。那么，华为是怎么进行融资的呢？

在华为创立之初，仅仅有两万元的注册资金。为了解决资金问题，华为实行全员持股，非常慷慨地把股权分给所有员工，成为国内首家全员持股的大型企业。事实证明，华为的这一开创性举措是成功的。员工通过出钱购买公司的股权，不仅解决了华为的资金问题，更重要的是大大提高了员工工作的积极性，为华为做大自己的蛋糕提供了源源不断的动力。通过员工持股计划，一下解决了资金和人才两大难题，不得不让人佩服华为管理层的眼界和魄力。

虽然融资的形式多种多样，但无论企业主选择哪一种融资方式，都不得不考虑一个问题，那就是融资成本。不管是向银行借贷，还是向朋友借贷，或是借高利贷，抑或是发债券和找投资机构投资，都需要一定的融资成本。

不同的融资方式其融资成本也有着一定的差异，因此，在进行融资之前，需要充分了解不同的融资方式的特点和成本，同时根据企业自身的状况，来选择最适合自己的融资方式。一般来说，要优先选用低成本的融资方式，从低至高，降低整体融资成本。

虽然很多企业都知道融资的重要性，但并非所有企业都能选对融资的方式。在国内，传统的企业选择的融资方式一般是银行抵押贷款。银行抵押贷款虽然能解决一时的资金问题，但是它最大的弊端是会让企业背上巨额的利息，然后企业辛辛苦苦为银行打工，最后可能也赚不了什么钱。银行抵押贷款不但需要支付利息，也要还本金，一旦还不上，公司就会面临资产被拍卖甚至倒闭的风险。

从融资的方式上，就能看出普通商人和企业家的差异，一般的商人是借钱负债，而资本家则是借钱赚大钱。

比如，同样是花一个亿去投资一家商场，你盖好章之后招商卖项目，遇上经济萧条的话，不但没钱赚，还有可能面临破产；但企业家的眼界和思路就不一样了，商场盖好后，他会马上把股份分出去，去换取更多的资金和更强大的资源，不仅在最短的时间内回了本，还大赚了一笔。

由此可见，一般商人只懂得"花钱"，而企业家却能通过股权模式把资产快速变成现金流，这就是企业家的高明之处。其实，很多所谓成功企业家，并没有比常人聪明，也并不是都有着强大的背景和丰富的行业资源，他们的成功在于抉择，如果你懂得了让企业永远不缺钱的秘诀，你也可以成为出色的企业家。

## 第二节　腾讯、携程和格力的融资之路

我们在前面提到过，相对于其他融资方式，股权融资是最好的形式之一，因为股权融资不但能让企业不再缺钱，还能搭上大资本的行业知名度和资源。不要以为股权融资是大企业才能干的事，像前面提

到的阿里巴巴，在创业之初就已经走上了向大资本融资的道路，并在往后的企业发展中还在不断地进行融资。即使阿里巴巴走到了今日，成为国内最大的互联网企业，也还在不断地融资。可见，股权融资其实适用于任何公司，而融资金额从几百万元到上亿元都可以。而且股份融资最明显的优势是，不需要支付任何利息，一旦亏损还不用赔付本金。

但即使股权融资有着如此明显的优势，也还是有人狭隘地把分蛋糕理论理解成为单纯地把自己的蛋糕分出去，是一种亏损行为。其实不然，把蛋糕分出去是为了获得更好的资源，去做更大更好的蛋糕。虽然表面上看你的股权比例少了很多，但实际上市场做大了，你手上的股权价值是会成倍增长的。把蛋糕做大，就是股权融资的最终目标。接下来，我们通过几个例子，来了解一下这些年通过股权融资实现企业发展的知名企业都有哪些。

## 一、腾讯：用1元原始股发展成为全球最大的即时通信企业

2004年6月16日，腾讯经过几轮融资，终于登陆香港交易所上市。腾讯的此次上市，融资高达14.38亿港元。其中的5位创始人，都成了亿万富翁，腾讯当家人马化腾的身家更是达到了近9亿港元。

此外，他最大的收获，是高盛公司背后的强大资本和资源。第二年年底，凭借着这些背景，腾讯发力飙升，其股价收于8.30港元附近，年涨幅达78.49%；到2009年，腾讯股价以237%的年涨幅成功攀上了100港元大关，为香港股市所瞩目。

此后的几年里，腾讯的股价不断创造新高，2014年3月一举突破

600 港元大关，5 月将 1 股拆为 5 股，单股股价为 136 港元，总市值达到 1500 多亿美元。相当于当年上市前投资 1 元原始股，现在变成 14400 元。对于腾讯来讲，这次融资让它从此摆脱了资金短缺的困境。

创业路上，腾讯无疑是幸运的。每次面临资金短缺，都能及时地通过融资获得资金支持。正是靠着融资，无论是做 QQ 还是做微信等创新产品，腾讯都能顺顺利利、毫无阻碍地完成产品研发和推广。试想一下，如果在腾讯缺钱的时候，有任何一个创始人不愿意继续融资，那么今日我们可能就不会见到这样一个娱乐和社交帝国了。

## 二、携程：通过融资找业务，资金和资源"一箭双雕"

1999 年，一家名为游狐的旅游网站改名为携程，正式上线。其创始人季琦是做销售出身的，起初他并没有想到要去融资，因为携程刚成立的时候并不缺钱，缺的是业务，所以他认为只需要多做业务，资金不那么紧张即可。但是，业务其实并没有那么好找。这次，携程管理层开始重新思考公司的发展策略，打算通过融资打开公司的知名度，同时通过资本背后的资源发展新的业务。

1999 年，携程网吸引到 IDG 的第一笔投资，2000 年 3 月吸引到软银集团的第二轮融资，2000 年 11 月吸引到美国卡莱尔集团的第三笔投资，这几次募资共计吸纳海外风险投资高达 1800 万美元。

2003 年 12 月，作为新兴的创业型公司，携程成立仅仅 4 年多，就成功在美国纳斯达克上市，成为中国互联网第二轮海外上市的一个典范。

## 三、格力：账上资金虽上千亿，仍要再次融资 180 亿

1996 年，格力在深圳证券交易所挂牌交易，当时总股本为 7500 万元，每股净资产为 6.18 元，后来股价一度达到 41.19 元，总市值 1238.94 亿。相当于当年上市总投资 1 元原始股，现在变成了 1651.92 元。

虽然格力的现金流还不错，账面上的资金高达上千亿元，但还是选择通过股权融资的方式去为企业获得更大的发展空间。2020 年，格力申请注册发行超短期融资券、短期融资券、中期票据合计不超过 180 亿元（含）。通过融资，为公司及下属公司补充流动资金、偿还债务，并支持项目建设等符合国家法律法规及政策要求的生产经营活动。

可见，股权融资已经不仅仅是企业解决资金短缺、资源缺少的工具，而是企业发展过程中必不可少的利器。其背后带来的价值，能够不断加持企业走向高峰。

通过以上几个例子，相信大家对于股权融资的优势已经有了更进一步的认识和理解。此外，我们不难看出，这些公司都有一个共同点，它们在发展演变的过程中，无论是股份转让还是增资，价格都是特别低的，但通过股份融资之后，价格翻了至少 15 倍以上。但是，如果这些公司不融资、不上市呢？很可能几元的价格都未必有人会买，真让人不得不感叹融资带来的巨大魔力。

说到底，资本市场的神奇魔力，就在于能够对一家企业的价值进行重估，通过价值重估，让企业走上新的台阶。当然了，所有的企业家，从创业到成功获得财富，过程是很艰难的，除了融资以外，创业者自身的努力也不容忽视。

投资资本市场需要冒险精神,因为创业期间的投资风险是很大的,能够上市融资的毕竟是少数。

原始资本是"蛋,有了"蛋"才能做蛋糕,你的资本才能增长、变大。因此,股权融资表面上看是在把蛋糕分出去,但实际上是在给企业选择了一个适当的"孵化器",通过它才能孵出更多的蛋,做出更大的蛋糕!

# 第十二章　股权融资前的准备

　　对于缺钱缺资源的企业家来说，股权融资固然充满着诱惑力，但是它的本质是一种投资，众所周知，任何投资都具有一定的风险，股权融资也不例外。而这种风险，并不单单针对投资人，对于企业也如是。如果企业家在进行股权融资之前，无法最大限度地评估股权融资中的风险，就很容易掉进陷阱里。

　　获得融资是令人羡慕和让人振奋的事情，但它也会导致企业家急功近利、不思进取。是否真的需要融资？融资要和哪些人合作？融资的最好办法是什么？出让多少股权是安全的？如果连这些根本的问题都没有想好就去做，最后只能空手而归。

## 第一节　明确融资要达到什么目的

首先，我们必须弄懂一个问题，就是我们为什么需要融资，融资要达到一个什么样的目的。

一般而言，公司需要发展资金，而其他筹资方式的成本相对较高（比如债务融资就需要支付比较高的财务费用），但在股权融资的过程中一般不需要支付任何财务费用。同时，股权融资给企业带来的不仅仅是资金上的帮助，而更多的是资源上的贡献，以及在提高品牌知名度上的助力。此外，还可以在产业链的横向或纵向建立稳固的联盟，特别是为成熟企业提供融资。

其次，我们要问问自己，需要寻找什么样的合作伙伴。股权融资和交友一样，不能"饥不择食"，也不能"骑驴找马"。我们要明确自己的需求，需要寻找哪些类型的投资人。比如，是找金融类的投资人还是找传统工业类的投资人，是找只给钱不参与管理的合伙人还是既投资又共同参与管理的合伙人，这些都需要我们在寻找融资机构之前就要考虑清楚。不是说你的企业现在很缺钱，只要有人给钱就合作，这样对于企业的长远发展是非常不利的。

考虑清楚了这些问题，我们就要去思考如何才能在最短的时间内向不同类型的投资人展示自己企业的优势，特别是针对不同的投资渠道，展示对该渠道有利的优势才是最重要的。这样，才能大大提高投资机构对项目的兴趣，达到成功融资的目的。

此外，正确地看待企业的行业价值，也能够避免一些因为急功近利导致的风险。根据历史经验来看，随着公司的不断发展和市场的扩大，公司的估值可能会不断上升，此时再融资将变得更加简单（因为基础足够牢固，更容易成功），并且不会让过度投机的股票被持有（即便如此，你也有足够的筹码）。一定要记住，无论何时风险投资都只有一个目标：获得回报，最好是持续的收益。

同时，我们也需要根据企业的发展，不断调整自己的商业模式，即使是在成功融资之后。首次创业的人往往很容易自信满满，认为他们的商业模式完全可行，但是，大家要知道，融资不是企业发展的终点，它只是企业发展路上的一个里程碑，成功融资并不意味着获得最终的成功。创始人必须知道的是，只有通过建立一个可扩展的商业模型，加上可重复的销售流程，才能确定自己的公司是可持续发展的。

在准备融资材料的过程中，需要创始人对公司有一个比较透彻的了解，并且在和投资机构谈判之前要制定好合理的股权架构，以及如何才能把握住企业控制权等策略。这样，当你与投资者进行沟通和谈判的时候，才能充满底气。

需要注意的是，如果在初期财务管理上不规范的话，就会对企业的筹资活动产生影响。比如，你虽然有大量的现金收支数据，可是你没有向投资者提供真实的财务报表，就不能用数据去说服投资人，同时还有可能面临被税务部门罚款的状况。所以，有必要进行规范的融资，而且投资者投资后也会提出这样的要求。建议创始人团队在融资之前就把这部分的功课做好，比如通过财务报表进行分析和预测等。

概括来说，在股权融资的道路上，可能会出现融资价值理解不透彻、融资材料准备不齐全、股权架构设计不合理、股权融资协议缺乏适用性等方面的风险。对于这些方面的"坑"，如果你既不懂得去规避，也不懂得如何去填补，那么可能你还没有开始融资，就掉进了"坑"里，使企业陷入困境。我们只有在了解了这些之后，才能"见招拆招"。

我想告诉大家的是，在股权融资中，有些错误一旦发生，就会让你前功尽弃。因此，企业家们需要全面地了解股权融资中常见的风险，以避开这些陷阱。

## 第二节　要对融资价值理解透彻

股权融资不仅能为企业带来资金支持，还能为企业提供强大的行业资源、知名度、人才以及品牌效应。因此，股权融资实质上是企业获得各方面资源的渠道，而不仅仅是钱。

目前，特别是在国内，不少企业创始人在进行股权融资的时候，常常会把债权融资和股权融资混为一谈，这实际上是一个很大的误区。说到底，就是不能正确理解股权融资的价值。对企业而言，股权融资的风险是大大小于债权融资的，是风险较小的一种融资方式。此外，从理论上讲，股权融资的成本较高，当然了，成本高也意味着收益较高。

如果不能正确区分股权融资和其他融资方式的区别，不能看到股权融资的优势，就不能很好地理解股权融资的价值。而只有理解了股权融资的优势和价值所在，才能理解为什么现在很多知名企业都选择股权融资的方式来解决企业资金短缺的问题。

比如，从创立到上市仅仅用了两年时间的拼多多，作为新兴电商企业，它为什么能在淘宝、京东等大型电商中夹缝生存，冲出层层重围再创一个新的商业神话？除了其自身商业模式的创新以外，更重要的是从不缺钱。在成立仅一个月的时间，拼多多就完成了几百万美金的股权融资，而其背后的资本家，有阿里巴巴的创始人之一，以及淘宝网的创始人和总裁。

看到这里，你就不难理解，为什么拼多多没有被这些大型电商打压，而成为新兴知名电商企业的原因了。通过融资，它不仅获得了巨额的资金支持，更重要的是获得了这些资本背后的强大资源支持。如果没有这些资本和资源，拼多多根本不可能在电商的重压下生存，并壮大至今。

## 第三节　融资材料要准备齐全

融资材料对于融资而言，能够在第一时间吸引资本家的关注，而在商业计划书中，重点在于要在一开始就写清楚企业的投资亮点。如果融资材料没有突出企业的亮点，就不能让投资人感受到企业真正的价值，从而失去整个融资的机会。

在这里，我会为大家详细讲一下融资材料主要包括哪些，哪些内容才能作为投资亮点拿出来讲，希望对大家有所帮助。

一般来说，融资的时候需要准备以下几份材料：项目简介、商业计划书、财务预测书等。这一节我们先讲解项目简介和商业计划书的内容，下一节再对财务预测书做重点介绍。

## 一、项目简介

项目简介要写多少页呢？是不是越长越好？其实不然，项目简介既不能过于简单，也不能过长。太短的话，不仅看起来不够专业，也不能把企业的优势写全面、写清楚，而太长的话，则看起来像论文，会让投资人抓不到重点，看着也很累。

一般来说，项目简介在 7 页以内最为合适。在这 7 页内，基本上就能把你需要展示给投资人的内容都写出来了，比如你能解决用户的什么问题、企业的主要产品功能是什么等。此外，在写项目简介的时候，切记涉及保密的信息不能提及。

## 二、商业计划书

项目简介写完了，就该写商业计划书了。商业计划书要控制在 30 页以内，只需把要说的东西讲清楚就可以了，同时把一些需要补充说明的资料附在计划书后面即可。

在写商业计划书的时候，不少人都会犯一个错误，就是把投资人当成专家或者是行业内资深人士，写的计划书往往过于专业，投资人看不懂，企业家在讲解的时候讲得也比较深入，用了很多专业名词，投资人也听不懂。试想一下，如果投资人既看不懂你写的是什么，也听不懂你说的是什么，那么他还会给你掏钱吗？

因此，我们在撰写商业计划书的时候，要站在对方的角度来想该怎么写，要把投资人当成普通用户，这样写出来的商业计划书虽然浅显，却能抓住要点。

简单来说，一份合格的商业计划书需要讲清楚以下几点内容。

第一，这个项目要干什么，能够解决当今市场的什么需求。

第二，你将会怎么做这个产品，这个产品的优势在哪里。

第三，你的团队优势在哪里，包括团队成员的教育背景、从业背景、人员分工、股权架构等。

第四，这个市场的潜力和前景有多大，都有哪些竞争对手。

除了文字内容以外，运营数据也必不可少。有了数据的加持，才会让你的商业计划书更具有说服力，好看的数据能为项目加分不少。

那么，具体要分几部分来写呢？

### 1. 总体纲要

计划书的总体纲要和书籍的前言一样，能够让人清楚地了解到计划书的宗旨和主要内容，不需要太长，只需用一页纸简单概括即可。

总体纲要需要涵盖几个内容：企业的主要业务、占有的市场份额、目标客户群体，还要重点概括一下未来几年内预估的盈利能力。

### 2. 产品和服务

写完了总体纲要，正文就要开门见山，告诉投资人企业的业务是什么，能够提供什么样的产品和服务，能够解决当前市场的什么需求等。

在介绍企业产品的时候，要重点突出核心产品，不需要每样产品都介绍得很详细。同时，要讲清楚产品的附加价值以及盈利模式。

商业计划书的要义是讲重点。那么，怎么突出重点呢？不要讲废话，而是用大量的数据去佐证你的优势。

### 3. 市场的前景

介绍完企业的产品和服务，接着就该说明一下市场前景，因为没有市场，你的产品再好也没有用。同样，这部分也不需要过多的文字介绍，数据最具有说服力。我们要学会用好看的数据为我们服务，说一大通废话，还不如把数据摆出来更有力。

同时，我们要讲清楚市场的规模、占领市场的时间以及细分的市场人群。作为投资人，他们最想知道的是这个产品的市场前景如何、未来的市场规模是否足以支撑它发展成为一个单独的产业等。

### 4. 同行竞争以及市场格局

有市场就会有竞争，所以要分析现有竞争对手是谁，是否有知名企业，同时对比彼此之间的优劣势，这决定了创业的环境和成长的可能性，是预测创业能否取得成功的重要参考。

对于风险投资人来说，分析市场格局同样重要，因为同行竞争能从侧面反映出这个项目的价值。如果一个项目没有同行竞争，那要么是大家都不感兴趣，要么是市场规模太小不值得入场；但如果竞争者太多，则又代表能占领的市场份额较少，所发展的空间较小。因此，建议大家在分析市场格局的时候，既要突出自己项目的独特性，又要说明它的可行性。

### 5. 营销策略

在分析完市场规模以后，就要写清楚你是计划如何去布局这个市场的，也就是说，你计划如何去占领这个市场。关于这部分的内容，重点在于显示出你对市场的了解深度。因为，产品的价值和服务是要通过实践才能体现的。

### 6. 商业模式

分析完盈利工具和盈利模式以后，还要讲清楚你的商业模式到底是什么。对于投资人而言，特别是专业的投资机构，他们能相对容易地看出商业模式是否合理和可行。因此，在描述商业模式的时候，一定要显得合理和专业，同时越简单越好，因为过于复杂的商业模式，往往容易被人认为不易实现。

### 7. 收入和财务预测

商业计划书里关于财务预测的部分，不需要过于复杂，因为在准备融资材料的时候，已经单独准备了一份较为详细的财务预测。在计划书里，只需写明收入、毛利、净利、需要的资本收入等主要数字即可。

这部分的内容，重点在于对未来几年的财务规划，一般来说，需要涵盖现金流量表和资产负债表分析，以及损益表分析。

### 8. 团队简介

对于投资人而言，创始人团队的能力也是考虑其投资与否的关键因素之一。因此，在这部分的内容中，建议写一些相关行业成功的经验，以及创始人的工作背景等。

### 9. 融资规模与如何规避风险

首先，要写清楚你这次需要融资的金额，以及你能利用这部分资金带领团队做到什么程度，能为投资人带来什么样的回报。这些内容要和前面的市场分析、发展计划、财务预测对应上，而且要在计划和预测里确定几个清楚的关键点或者里程碑，就是公司在什么时候能够达到什么目标。这个目标要业务和财务兼顾。

其次，要写清楚你计划出让的股份比例。一次融资出让的股份在15%~40%之间比较合理，建议大家在综合考虑公司作价、出让股份、公司发展需求之后，取一个合理的价位。

最后，商业计划书中也要写清楚项目的风险以及如何去规避这些风险。任何商业行为都是有风险的，更何况是融资项目。因此，投资人也会想要知道投资这个项目有哪些风险，创始人团队都有哪些规避风险的技巧。

如果你有去了解在纳斯达克上市的中国公司，就会发现在他们的

IPO 文件中，每个企业都列出了长长的风险清单去告知投资人风险所在，而且关键是告诉投资人应对这些风险的策略都有哪些。

在商业计划书中告知投资人潜在的风险，以及如何去应对这些风险的策略，不仅能体现出企业的诚信，更重要的是能大大减轻投资人的疑虑。同时，企业能够提供相应的解决方案，也代表着创业团队的能力和对市场的理解、对政策的把握，这些都是投资人非常看重的。

总而言之，写商业计划书不是目的，它只是融资的一个工具，也是理顺计划思路的工具。

## 第四节　如何写财务预测书

有些人可能会说，我虽然是企业的创始人，但是我毕竟不是财务专业出身的，也几乎没有做过财务报表，该怎么去做财务预测书呢？我干脆完全交给公司的财务算了。

其实，在股权融资中用到的财务预测书并不需要特别专业的知识，内容也不需要过于繁杂。写财务预测书当然可以咨询公司的财务，但是作为企业的创始人，还是需要了解一些基本的财务常识，以及完成财务计划编写的过程。因为，你只有了解了相关的财务常识以后，才能够读懂财务报表。

所谓财务预测，简单来说就是预测企业未来几年内的财务情况、收支情况等。这方面应该是大部分创业者的弱项，毕竟他们绝大多数都不是财务出身，也无法准确预估盈利金额。对于这方面的内容，既不可过于较真，也不能过分敷衍。你不能随便在网上搜一搜就填一些数字进去，但也不需要精确到小数点。

该怎么做呢？建议咨询做财务预测的专业人员，让他们指导一个大的方向，再据此来填写。至于你到底想要融到多少资、这笔钱具体怎么用，可以先不写。

具体计算出的数据是多少，其实并不是最重要的。真正重要的是，这些数据背后所代表的是什么，它是不是投资机构想要了解的数据。因此，建议大家在写财务预测书之前，可以先换位思考一下，如果你是一名投资人，在决定要不要投资一个项目之前，你最关注的是这个项目的哪些内容和数据？

一般来说，投资人最关注的无非是项目的收入、成本、利润、资产、现金流这些方面的内容和数据，比如项目的盈利能力是强是弱、企业的预计销售额以及盈利时间、在盈利之前需要付出的成本是多少、投资回报率高不高，以及第一次付出的成本能用多长时间、什么时候需要再次追加投资等。

在明确了投资人最想了解的问题之后，我们就要思考，我们做的那些财务预测报表，能否解决投资人所关注的这些问题。也就是说，做财务预测书的过程，其实就是通过前提条件的设计和数据的预测来解答投资人的问题。

明确了目标之后，就能明确下一步的方向了。如果你不知道财务预测最终是为什么服务、是为了满足什么需求而设置的，就无法做出一份合理又有效的财务预测书。

财务预测工作首先要从对收入的预测做起，它是整个财务预测的基础，后续的成本、费用、营运资金的预测，都需要这个数据作为辅助。因此，收入预测是财务预测工作的重中之重，其工作量几乎可以占到整个财务预测的一半。

## 一、收入该如何预测

做企业的财务预测，我们需要同时考虑企业内部和外部市场两个方面。

从内部的角度出发，最重要的是要根据公司的历史数据来做预测，比如企业在未来几年内的收入增长率等数据。在这个基础上，综合考虑各产品、客户、销售渠道等情况，再调整数据。

从市场的角度出发，就是要站在整个行业和市场的高度去看问题，分析企业的市场规模和前景。同时，还要综合参考行业增长、行业周期和行业利润、同行的运营状况等方面的数据。最主要的是告诉投资人，企业在市场的大环境中要通过什么样的经营策略来占到市场多少份额。一般来说，用市场规模乘以市场份额，就是企业能完成的收入最大值。

只有同时从企业内部和外部市场这两个角度来思考，才是预测收入的正确方法。但遗憾的是，在现实中大部分企业都没有这种觉悟，做出的财务预测也因此缺少广度和深度，不具备参考价值。

## 二、如何预测成本

预测成本的公式是：成本＝收入×（1－毛利率）。因此，产品的成本也就是预测出的收入扣除毛利后的数据。同时，还要根据不同的产品成本架构，去分解产品的原材料、人工成本、制造费用分别应该有多少。

此外，在预测成本时，还要考虑到生产过程中重要原材料的价格浮动空间、员工的成本上升空间等方面。

财务预测要遵循谨慎性，成本预测也是如此，我们在做成本相关比例的预测时，也可以尽量保守些。比如，企业当前的成本率为70%，但在预测中这个成本率降为60%，这时，我们就需要思考企业成本降低的可能性、行业竞争的态势等方面的状况。

由此，我们不难看出，在进行财务预测中是不需要过于精确的数字的，主要是通过对市场或者环境的预判来完成数据分析。

### 三、如何预测运营中的费用

与前面的数据预测一样，在做费用预测时，也要综合考虑几个方面的数据。一般来说，可以从历史和未来两个方面进行考虑。

首先，可以根据企业的历史情况，把销售成本、管理成本、研发成本等数据按照其占收入的比例，来预测出未来几年内的数据。

其次，还要考虑到在企业未来几年的发展规划中，有哪些费用需要支付，比如市场推广方面的预算是多少、市场和产品研发的费用投入有多少，然后根据这些支出调整原来的预测数据。

建议大家做一个资产负债表，也就是财务状况表，分为长期资产、长期负债、股东权益和营运资金这几大部分，能够全方位地描述出公司资产状况，包括现金、有形和无形资产、负债、应收账款、股东投资、留存收益等。这样，投资人就能够更为直观地看到流动资产构成的排列顺序，从而分析出企业的长、短期偿债能力。

一是长期资产预测，要考虑未来几年的投入，包括长期股权投资、固定资产、在建工程、减值准备等。

二是长期负债和股东权益，要考虑企业运营的所有资金支出，以及融资的资金成本，交税成本等。同时，企业分红也是成本的一部分。

三是营运资金，也就是存货、应收账款和应付账款等。通常来讲，如果企业的营运资金周转越快，那么企业的营运效率就越高。

大家可以通过销售收入、销货成本、原材料采购等项目的周转率，来预测营运资金各项目的相关数据。到此，一份完整的财务预测书才算建模完成。

当做好财务预测书模型之后，如果我们想知道这份模型是否合理，就可以拿企业的历史数据与行业竞争对手的财务指标对比，看看差异是否过大，如果存在不小的差异，那么就要思考是哪些数据出了问题。因为投资人在看财务预测书的时候，也会关注同行的指标，如果我们得出的数据和同行差异过大，投资人就会质疑。

总而言之，企业在财务预测和建模的整个过程中，需要通过各方面的数据来进行综合分析。因此，我们在做财务预测时，不能随便编一个数据或者报表，只有弄清楚企业的商业逻辑和对未来几年的规划，才能做出合理的预测。需要再次强调的是，在财务预测中，大家要把重点放在对收入的预测上，只有这样做出来的财务预测才更为合理。做完合理的财务预测之后，一份完整的融资材料才算准备妥当。

而无论是准备项目简介、商业计划书还是财务预测书，都应该围绕着企业项目的亮点来做，简单来说，就是项目的独特性，为什么要投资我这个项目？因为这个项目发展前景巨大，而且目前市场上还没有。当然，投资人大多是商人或者是风投家出身，对于商业玩法和规则他们都有一定的了解，因此，在准备材料的时候，不要过分夸大数据和内容，这样会让投资人觉得你不靠谱，不是真的想做事业，只是在忽悠他们的钱。

另外，突出项目的亮点固然重要，但是要记住，亮点说明不能过多。所谓亮点，是指最突出的核心优势，如果你列举出很多条亮点，就会显得没有重点，投资人无法一眼看出项目的真正优势所在。所以，提炼的亮点要尽量控制在 5 条以内，描述要简短有力，让投资人在第一时间被吸引住。

# 第十三章　设计好你的股权架构

大家都知道，股权架构对于公司来说尤其重要。一家企业的根基，除了团队，就是股权架构。而股权架构，其本质就是公司组织的顶层设计。股权架构设计的核心是解决谁投资、谁来做、谁收益以及谁担责的问题。

如果一家企业的股份架构不合理，根基就会不扎实，在后续运营中就会出现各种各样的问题，甚至让公司陷入困境。因此，刚刚成立的公司需要特别重视股权架构设计，而已经起步一段时间的企业，也需要不断审视股权架构的合理性，及时调整不合理的股权分配方式。股权架构不合理，不仅仅会影响到企业后续的运营，更重要的是会影响到公司融资。

从法律意义上来说，股权所涵盖的权利包括股东身份权、参与重大决策权、选择权、监督管理权、资产收益权、知情权、关联交易审查权、提议/召集/主持股东会临时会议权、决议撤销权、退出权、诉讼权等。

从管理意义上来说，作为股东，可以享有以下几种权利：所有权、分红权（收益权）以及控制权（决策权）。其中，最重要也最具有价值的权利是控制权和分红权。

控制权一般涵盖两个方面：针对股东会决策而言的决策层面的控制权；针对董事会层面的决策权。很多老板都会有一个误区，就是认为自己是企业的老板，没必要去弄什么控股权设计，自己创办的企业，难道自己还不能做主吗？

在此，我们希望大家能知道，这种想法非常天真，也非常危险。任何商业行为都需要法律来保护，否则我们和其他人合作的时候为什么要签订合同呢？不管你是什么企业的老板，都需要了解如何设计控股权。

## 第一节　搭建合理的股权架构

那么，该如何设计控股权呢？我建议要紧紧围绕以下几点来做。

### 一、设计表决权比例

在大部分的企业中，股东能够拥有多少表决权，取决于该股东手中持有多少股权。

《公司法》规定，有限责任公司的股东会一般决议，通过方式由有限责任公司的公司章程自行约定。有限责任公司的股东会特别决议，必须经代表（全部）三分之二以上表决权的股东通过。

由此可见，如果哪位股东拥有企业三分之二以上的股权，他就能拥有公司的绝对控制权。这就意味着，这位股东能够在其他股东反对的情况下，自己做一些比较重要的决策，如修改公司章程、解散公司等。

有绝对控制权，就有相对控制权。比如，现在不少企业在条款中约定"需经过半数以上表决权的股东同意"等，这就意味着对企业有一般决议的控制权，只需要达到51%的持股比例即可。

除此以外，还有一票否决权。也就是说，如果某位股东持有公司34%的股权，那么他就拥有了对公司重大决策的一票否决权，即使其他股东联合也没用。

因此，我们既要杜绝"一人独大"的局面出现，又要杜绝相对控制权的现象出现。不要出让太多的股权，以防股权比例太低丢掉控制权。

## 二、尽量不要给投资人特权

在设置合理的股权比例的同时，尽量不要给投资人特权，比如"公司对外投资、融资必须经过投资人同意"等。特别是在一些涉及公司运营、长远发展的事项上，不要给投资人任何特权，以避免失去对公司的控制权。

在我们以往接触到的融资案例中，有不少投资人一加入企业，就要求委派董事加入董事会，或者直接提出要求拥有董事会决议一票否决权。要知道，这些要求对于创始人团队来说，都是非常不利的。因为董事会是整个企业运营的主导，能够决定公司的发展方向，如果让投资人拥有这些特权，他们可能就会过多地干预公司运营，非常容易引发冲突，从而导致公司运营出现巨大的阻碍。

在国内，因为给投资人特权而最终让企业陷入困境的案例并不少见。曾经闻名一时的爱国者公司，就是因为给了投资人特权，让他们委派董事加入董事会，并且拥有一票否决权，最终因为对方滥用一票否决权随意干涉公司运营，而导致创始团队的不少创新想法无法落地实施，让企业止步不前，在更多新的品牌兴起之后，再也难以抢回市场。

因此，我建议尽量不要给投资人任何特权，特别是董事会决议的一票否决权，如果遇到不得不给的情况，也要在约定中对其进行一定程度的约束。

关于企业控制权，有一个小故事和大家分享。

有一位企业家，他认为自己公司的股东构成简单，只有3个股东，没有必要做控制权的设计。他当时非常自信地对我说："我是大股东，有65%的股份，公司都是我说了算，所以我的公司是不可能出现股权问题的。"

这家公司看似前景非常不错，创始人团队全部有着海外留学背景，拥有一套先进的商业模式，所以，当时有20家以上的投资机构和投资人向其表示过融资意向。按理说这么一家公司应该前途无量，可事实却是，它因为股权出现问题，最后倒闭了。

看到这里，或许你已经猜到，问题就出在前面所说的公司控制权上。这位老板认为自己握有最大比例的股权，另外两个小股东都要听他的。当时，一家知名的投资机构正在和他们谈合作，对方对他们的团队和项目都非常满意，可是当投资机构的法务到公司实地视察之后，却放弃了投资。

原因是，投资公司调查的时候，3个股东当场因为股权问题吵了起来。两位小股东认为投资人进来后，自己手上的股份就会被稀释不少。他们想等公司规模发展得再大一点，市场估值升高了，再去融资以便获得更高的利益。而大股东的想法和他们恰恰相反，认为投资机构的名声很大，是一个难得的机会，如果能够合作成功，那么无论从资金还是资源上来说，对于公司的发展都是非常有利的。

一方目光长远懂得先舍后得，一方却只看重眼前利益，最终因为股东之间意见不合，败光了投资人的好感，导致这次融资合作失败。当着投资人的面争执，不仅说明团队合作的协调度不行，不尊重投资人，更重要的是，风投机构不会在一个连增资扩股权利都没有的老板身上冒险。即使这一轮勉强通过，那么下一轮融资还是会出现这种问题。

我们在前面说过，如果你的公司想融资，选择增资扩股的方法，那么就属于公司的重大决策，要有三分之二以上的股东投票通过才行，也就是要有67%的股份支持率。这家企业中的两个小股东虽然占股较少，但他们加起来并不少，因此，如果这两位股东不同意，就能否定公司所有的重大决议。就是因为这个原因，这家企业错过了得到投资的机会，也错失了互联网O2O的行业风口。

在商界中，机会不是什么时候都有的，有时候错过了就要等很多年。通过这个小故事，我想告诉大家的是，如果企业想要融资，就必须先设计好自己股权的控制权。因为投资机构比你更害怕风险，即使你的项目再好，也无法抵消控制权没设计好所带来的隐患。

而在这些隐患中，除了我们上面所说的会丧失企业的控制权以外，你还可能会被其他小股东从董事长的位置上赶走。不要以为自己拥有公司最大比例的股权，就不会发生这种情况。按《公司法》中企业经营决策权的相关规定，只要有50%以上的股东同意，就能决定公司重要的决策，其中就包括任免董事长。因此，如果有50%以上的股东都同意罢免董事长，那么即使你是拥有股份最多的创始人，也照样会被赶下台。

由此可见，合理安排股权占比是非常重要的，它直接决定着公司未来能否有序发展，以及你对公司的控制程度。

此外，我还接触到一些企业家，由于他们不知道该怎么去做股权分配，于是所有股东的股份都选择了代持，等创始人设计好方案之后再去注册。这是一种典型的回避问题的做法，因为控股权的设计是一件非常紧迫的事情，不能说暂时没有合理的方案就一拖再拖。

有一个做卫浴品牌的老板就是这么干的。

这位老板看中一位有着上市公司背景的优秀人才，对方已经在上市公司做到了副总的职位，于是用高薪把他挖了过来，同时直接给了他38%的股份。这位老板想：我现在股权还没设计好，但又不能随便设计，否则要承担被踢出局的风险。于是，他在网上随便找了一个代持股的合同模板，跟这个优秀人才签约，而没有去市场监督管理局注册。

这意味着，从法律上来讲，给那位人才的股权还是属于老板的。当时，这位老板自以为做法很高明，直到几年后，当初埋下的隐患终于爆发。老板和那位人才因为经营理念不同产生了分歧，老板认为不管你同不同意我的决策都要听我的，因为你的股份还在我的手上。可是当股东决议一做完，律师就找上门来，原来是那位人才聘请了专业律师告老板违反《公司法》，侵占公司财产。

最后，那位老板被定了罪，因为即使没有去市场监督管理局注册，但代持股不仅意味着股权价值，同时也赋予了代持股的股东享有同等的控制权。

那么，正确的做法是什么呢？如果你要用代持股与股东合作，那么就需要在代持股合同中做出额外约定，代持股股东不享有投票权，而将投票权委托给原有股东。

在这里，我要提醒大家，在做股权合同的时候，不要聘请一般的律师，而是要聘请懂股权与资本的律师，这些律师才有资格帮你设计相关的合同。

除此以外，在进行企业控股权设计的时候，公司章程的编写也很重要。但遗憾的是，不少企业都对公司的章程不重视，甚至有的直接从网上下载模板。殊不知，公司章程在保护公司前进的道路上起着重大的作用，能够在公司"危难之际"发挥巨大效用。由于新进股东并未参与章程的初始制定，因此如何在章程中设置好相关规定也显得尤为重要。

## 第二节　发挥章程应有的作用

目前，有不少公司仅仅把制定章程视为完成公司设立而"不得不去做的举措"，往往照搬《公司法》的规定或者市场监督管理局提供的章程范本，没有根据自身业务、股东关系等具体情况来制定，使得章程并未发挥出其应有的作用。

关于公司章程的意义，在《公司法》中有明确的说明：股东会的议事方式和表决程序，除本法有规定的之外，由公司章程规定。意思就是，可以把公司的分红权和投票权通过公司章程进行分离。除此之外，公司章程还可以在以下几个方面做出修改。

（1）修改公司的分红计算方式（是否按出资比例）；

（2）修改股东会议规则；

（3）修改股东进入和退出的条件转让价格计算方式；

（4）修改股东的表决权；

（5）修改董事会与监事会的人数及议事规则；

（6）修改董事会及总经理的职责权限。

由此可见，从某种程度上来说，公司章程能够帮助企业更好地设计股权架构以及控制权。

让我们回顾一下从前面的案例中学到的教训。

一是"亲兄弟没有明算账"，不少老板认为合伙人都是熟人，都是兄弟，这些人都听我的，所以不需要设计股权架构。可事实证明，永远不要用利益去试探人性，一旦涉及利益就会引起争端。因此，企业的控制权要提前做好。

二是公司章程要为企业量身定制。

做好这两点，企业才算真正建立了起来，才能稳定有序地去谋求更大的发展。

股权的意义最终还是要落在分红上，因此，设计好控制权之后，我们再来了解一下如何给股东分红。

根据《公司法》的规定，公司的分红方案可以依据股权比例，也可以由股东自由协商确定，这就为分红方案的多样化制定提供了法律依据。分红是股东投资的主要目的，与股权架构的设计目的不同，分红方案的核心就是体现公平，公平的分红方案可以促进公司股东之间的人合性不断加强，而不合理的分红方案往往是导致股东反目的根本原因。

由此可见，制定分红方案的根本原则就是要保证公正公平。总的来说，企业分红主要遵循以下几个原则。

## 一、要充分考虑公司持续发展

每个人都知道，一家企业想要发展壮大，就离不开资金和资源的支持，虽然股东的注册资本就是企业运营资金的第一笔来源，但如果一个公司把所有的利润都分配给股东，那么企业的发展在很大程度上就会失去源泉和动力。因此，在对股东进行分红之前，要先预留出一部分流动资金。

比如，不少初创型企业都会和合伙人约定好，在企业发展的前几年不分红，把所有盈利都用于公司的后续运营，以便企业能够继续扩大规模。这种做法有一定的可取性，但是时间不能过长，如果股东长时间分不到钱，就会大大影响他们的积极性和凝聚力。而如何平衡好分红比例以及分红时间之间的关系，就是制定分红方案时需要重点考虑的。

### 二、应考量股东实缴的注册资本

在《公司法》中，不少条款都明确规定了股东权利基于其享有的股权份额，这是在法律层面上给予股东对公司发展付出的充分肯定。因此，无论是哪种类型的企业，都要在设计分红方案的时候把股东投入的资本考虑进去。也就是说，在进行分红方案设计时，要以股东投入的注册资本作为考虑的基础。

### 三、要把实际经营人的付出与回报考虑进去

不同企业的股东类型都存在一定程度上的差异，比如，某家企业的股东全部参与经营，而某家企业的股东则只是部分参与经营，但是，部分参与经营的股东为公司的盈利做出了重大贡献，如果按照前者的分红方案来给股东分红，就会大大打击实际经营股东的积极性。

因此，我们要根据股东的贡献大小、付出的多少，来给予不同的分红回报才是合理的。

### 四、要充分考虑股东手上的资源对公司盈利的贡献

一家企业的发展除了资金的支持、股东的苦心经营外，还需要依靠行业资源的助力。因此，我们还需要考虑到这方面的问题，比如加大某些掌握行业重要资源股东的分红比例。

由此可见，股份分红并不是一件简单的事，它涉及了企业运营的方方面面，要想设计出合理的方案，就不能懈怠偷懒，只有在充分考虑每一位股东的贡献以及付出后，才能制定出最完善的方案。

## 第三节　股权架构中的股权分类及分配

了解这些基础知识后，接下来为大家讲解股权架构中的股权分类有哪些，以及如何对它们进行分配。

### 一、股权架构中的股权分类

一般来说，股权可以分为以下几种类型。

**资金股**：是指以投入资金或者财产入股，它是保持资金以净流入呈现的股票。

**管理股**：是指管理人员在职时获赠的股份。按法律规定，管理股

一般不能售卖，在管理人员离职之后，大部分会被要求收回。但也有一些公司规定，只要工作了一定时间后，管理人员就可以把管理股中的一部分转为终身持有。

干股：是指没有出资但可享受分红的股份，通常是给到员工或者一些外部有资源的人。

身股：又称为技术股或在职股。干股与身股的区别在于，干股既可以激励内部员工，也可以激励外部资源，而身股只限于公司岗位上的员工。

有很多企业，其合伙人能共苦，却未必能同甘，一旦利益分配不当，就会有内部斗争。人们忙着内斗，当然无法顾及对外的发展，企业自然也难以为继。由此可见股权架构的重要性。那么，我们该如何来设计合理的股权架构？

我们可以参考著名的"4C"理论，对于企业来说，创始人、合伙人、员工、投资人这4个方面是重点，因此，我们可以通过这4个方面来做股权设计。

## 二、股权架构中的股权分配

一般人在设计股权架构的时候，都是把公司所有的股份拿出来分，分给这个人一部分，再分给那个人一部分。其实，这种分法是错误的。科学设计股权架构的前提是要考虑清楚企业未来发展的道路，比如未来的几年内还要招募哪些业务骨干和管理层、是否有上市的规划、是否还要融资等，这些都是需要我们在做股权架构的时候就考虑进去的。只有把这部分的股权预算先保留出来，才算得上未雨绸缪。

一家企业内的不同人群，他们所占的股权比例应该是什么样的，如何分配才是最合理的呢？我们接下来逐一分析。

（1）创始人。作为创始人，需要掌握项目的核心管理权，因为只有这样才能把握企业发展的主要方向。从股权分配比例来说，创始人需要拥有份额较高的股权。

（2）合伙人。作为主要的核心管理层，有的合伙人掌握着技术，有的合伙人能找到资金，还有的合伙人能提供各种重要的行业资源。股权能够激励并留住这些合伙人，因此建议股权比例在8%~15%。

（3）投资人。企业在进行融资的时候，一般都会与投资人签订对赌条款，因此，建议这部分的股权占比不要过高。

（4）核心员工。作为员工，他们最主要的目的就是赚钱，但并不仅仅是给钱就能招揽到优秀的员工，因为总有人出的价钱会比你的高。因此，想要留住骨干人才，就需要让员工产生一种归属感，让他们把工作当成自己的事业来做，这样员工才会更加卖力。所以，在做股权架构的时候，建议拿出一部分股权分配给员工。

合理的股权架构能够让企业发展得更稳、更快，反之，不合理的股权架构设计则会给企业埋下不少隐患，它就像隐藏在海面下的冰山，平时不会显露出来，但是如果遇上了风雨，就很可能会让船只触礁受损。在商界，这种前车之鉴并不罕见，特别是在融资的时候，前面谈得都不错，投资人对于企业也很有信心，最终却因为不合理的股权架构而功亏一篑。

想要知道自己公司的股权架构是否合理，可以试着分析公司的股权架构是否存在这些问题：一股独大、人资倒挂、股权平分、股权分散等。

如果公司存在以上情况，就应思考是否该重新调整一下股权架构了。而最常见的不合理情况，就是一股独大。很多公司在成立之初，创始人因为拥有核心技术或资源，认为公司只属于自己，不肯放权，为了把公司控制权牢牢地握在手中，而掌握着百分之百的股权。虽然对于创始人而言，公司是自己的事业，有权拥有公司的各种权利。但是，对于初创企业而言，需要的不仅仅是资金，更重要的是一群有能力、有资源的合作伙伴。有舍才能有得，就像我们前面讲的，把蛋糕分出去你才能得到更大的蛋糕。如果企业没有人才和资源，空握着百分之百的股权又有什么意义呢？企业得不到发展，就不会产生高利润，只有人才和资源才能让企业增值。

看到这里，有些人可能会想，那我是不是把股权平均分配就可以了？其实不然，在股权分配中，最忌讳的就是平分股权。这种架构打着"平均主义"的旗号，看似每个人都没有吃亏，实际上每个人都吃了亏。因为"平均主义"的本质就是要牺牲一部分人的利益，而成全另外一部分人的利益。当前者的利益被牺牲后，就会产生不满和纠纷，从而对企业发展产生消极作用。俗话说"千里之堤，溃于蚁穴"，小的问题常常能引起大的动荡，来自内部的冲击往往最有可能击垮企业。如此，最终就会导致任何人都赚不到钱。

这样的案例屡见不鲜，比如快餐品牌真功夫，正是由于股权架构不合理而难以壮大。即使在公司成立之初，不合理的股权架构没有显露出它的负面作用，但是等企业发展到一定阶段，就一定会出问题。

此外，在进行股权分配的时候，虽然不能一家独大，但也需要有一个核心股东，能够把握公司发展的整体方向。这个核心股东应该拥有50%上下的股权，这样，当公司遇到重大事项无法形成一致性意见或者出现纠纷的时候，这个股东就能够做出合理的决定。

在每一次融资后，都意味着股权架构的一次重构。为什么很多企业在没融资之前能够稳步发展，企业内部也一团和气，而在融资之后，反而会引发纠纷导致内部失和？

这是因为，融资常常意味着会稀释所有股东手上原有的股权。但有时候公司想要得到发展，稀释是难免的。因此，建议大家在企业刚刚成立的时候，就把这个部分考虑进去，做好相关的预案。说到底，在设计股权架构时最大的问题就在于如何平衡创始人之间的股权分配。像前面说到的真功夫，就是由于在引进外部投资后，因股权分配问题产生纠纷，最终权责认定观点不同而产生争议，导致企业发展受阻。

## 第四节　股权架构中的股权激励

在设计股权架构的时候，股权激励有着举足轻重的作用。但遗憾的是，大部分企业特别是其创始人在股权激励方面没有深入思考，只是简单地以为用股权留人，仅需套用期权或者虚拟股等形式即可。这就导致后面在经营企业的过程中会出现很多意想不到的问题。

我们在前面不断强调，无论做任何事情，都要先舍才能后得。股权激励也是如此，它考验的正是老板的胸怀和眼光，舍得把一部分股份拿出来作为员工激励的，才能站在大局的高度，带领企业越走越远。不过，股权激励也不是给得越多，员工就越忠诚，任何事情都要讲究一个平衡。

其实，股权激励和购物有着异曲同工之处。比如，我们要买一个东西，首先会去衡量这个钱花得值不值。如果老板给员工的激励太高，员工实现了财务自由，就会失去工作斗志；如果给员工的激励过低，员工就会想自己已经这么努力了，你才给我这点股份，从而心生不满，这个时候，老板不但失去了股份，还失去了人心。

此外，如何分配不同员工的股权比例也是一门学问，要设计好股权激励方案，不然就会出现因分配不公平而导致的纠纷。

大家要记住，股权激励只是我们提高员工忠诚度、留住人才的工具，如果没有合理使用这一工具，让它发挥出应有的价值，那么你可能就会被工具所误伤。在设计股权激励的时候，一定要思考如何让该获得的人获得，借此激励没有获得的人提高工作斗志去努力获得。

一般来说，股权激励设计不合理，主要有以下这些原因。

一是企业没有建立相应的岗位价值分析机制，没有能够直接判断员工价值的数据支撑，导致没有可以量化的数据报告。

二是缺乏健全的监管体系或管理机制，导致激励对象利用机制上的漏洞，投机取巧获得股份。

三是企业给了员工一种错误的价值导向，从管理层到员工自上而下都以利为重，把赚钱当成企业经营的唯一目标，没有正确的企业文化去做导向，企业缺乏全局规划。在这种状况下，企业老板就不会考虑股权稀释的问题，而员工为了赚钱有可能不择手段。

因此，我们在做股权激励的时候，一定要先问问自己为什么要做股权激励，做股权激励的初衷是什么，希望通过股权激励来为自己的企业解决哪些难题。不要看同行有股权激励，自己也跟风来做，而是一定要根据自己企业经营的实际需求。因为，无论是从薪酬角度还是组织发展角度来说，股权激励都是为了让企业得到更好的发展。

不同的创始人创办不同的企业，都有各自不同的初衷和想法，但无论其出发点是什么，最终都会往这几个大方向上发展：上市、家族传承、并购退出。

因此，我们要先看清楚自己企业要走的路，再来谈股权激励。因为股权激励并不仅仅是薪酬机制，其本质是分配机制，而分配机制又是在为企业的战略服务的，股权机制在一定程度上会决定企业发展的方向，所以我们才说，在做股权激励之前，要先问问自己企业未来的路要怎么走。不同的发展方向，在股权激励方式的设计上也需要有所不同。

比如，某个创业公司在短时间内没有上市需求，而创始人却也跟风给员工发放期权。先不说这种股权激励方式的架构该怎么搭建，具体的数量和价格又该怎么定，单从其效果上来说，就已经大打折扣了。因为企业本身就不具有价值，员工就会觉得手里的期权毫无意义，而且以后还可能会被拿走。因此，股权激励一定要紧跟企业的发展战略，为企业的战略服务。

大家要记住，任何事物都具有两面性，股权激励也是如此。无论是哪一种股权激励方式，都有利有弊。企业在不同的发展阶段应利用不同的激励方式，并且还要针对不同的员工做出不同的激励安排。

## 第五节　股权架构中的股权分红

针对不同岗位进行的激励安排被称作在职分红，也就是在职股激励，是一种企业通过给在职人员进行利润分享，以此来激励员工的模式。

在职分红这种形式，不需要员工掏钱购买股份，同时，持有在职股的相关权利只有分红权，没有增值权、继承权、投票权等，也不能出售或者抵押给其他人。在员工离职或违章违规后，该在职股自动失效。

在职分红激励看起来比较简单，就是拿出一部分利润对特定对象进行分红就可以了。但在实际操作过程中也有几个陷阱，如果不小心掉进去，就会失去激励效果，甚至起到负面作用。

第一个陷阱：激励员工按岗不按人。

不少人以为在职分红就是按岗位来激励员工，其实，在职分红"既要对岗也要对人"。因此，不能单按岗位来实行激励，而是要看哪些岗位或人与企业的利润有直接关系，不能用单一的模板去套用。

比如，公司规定入职5年以后做到经理岗位以上的人才能享有在职分红，可是有些优秀骨干能力非常强，因为入职时间没达到规定就不给他在职分红，这就很容易让人才流失。

此外，有些老员工虽然因为在公司干了15年，达到了一定的资历自动升为经理，但其无论是在业务能力还是工作态度上都不怎么样，这个时候，如果按公司的激励方案给他在职分红，就显得意义不大了。试想一下，如果后者占多数，那么员工激励就起不到应有的作用，反而还会把企业带进"沟"里。因此，设计在职分红方案要灵活，要重点考虑有突出业绩表现的员工。

第二个陷阱：没有设定合理的考核目标，分配额度不合理。

在做分红的考核时，要设定好长期目标与短期目标。比如，长期目标可以设定为1~3年，短期目标可以设定为1~12个月，两者相结合来做。设定长期目标的意义在于提高员工对企业的忠诚度，而设定短期目标的意义在于激励员工的工作态度，如果这两个时间点或者内容设置得不合适，就会导致员工的积极性下降。

此外，如何确定分配额度也是一门学问。对员工的激励总体分配额度，要根据企业的利润额及盈利能力、激励员工人数及需求、企业整体薪酬等情况综合考虑，过高则企业会面临损失，过低则无法发挥出激励员工的作用。

那么，具体的方案该怎么做呢？在这里，特附上我为某个企业量身设计的股权激励方案中的分红模板，供大家参考。

### 一、实行在职分红激励的条件

执行在职分红激励方案的前提条件是公司经审计实际达成利润不低于利润激励基点的70%。若公司实际完成净利润低于利润激励基点1000万元的70%，也就是经审计实际完成净利润低于700万元，则按照70%的激励方式分配，如低于70%则取消在职分红激励。

### 二、激励总额度

满足在职分红条件的情况下，在职分红提取比例为20%，在职分红核算基数为公司实际完成净利润（提取比例参考范围为10%~20%之间，以下按照20%计算）。

在职分红激励金额 = 公司经审计实际净利润 × 20%

例如：公司经审计实际净利润为1000万元，在职分红提取比例为20%，则在职分红激励总额为1000×20%=200万元；若公司经审计实际净利润为700万元，则在职分红激励总额为700×20%=140万元。

### 三、各激励对象具体预授额度

根据公司的具体情况，在确定激励人员的基础上，公司将授予在职分红激励对象不同额度的虚拟股（总股数设定为1000万股，后期会随着激励人员/岗位的增加或减少而调整），如表5所示。

表5　不同激励岗位预授虚拟股数

| 序号 | 激励岗位 | 姓名 | 预授虚拟（万股） |
| --- | --- | --- | --- |
| 1 | 总裁 | A | 240 |
| 2 | 总经理 | B | 160 |
| 3 | 技术部总监 | C | 120 |
| 4 | 客服部副总经理 | C | 120 |
| 5 | 市场部副总经理 | D | 120 |
| 6 | 市场部区域总监 | E | 120 |
| 7 | 客服部片区总监 | F | 120 |

（1）当公司引进某岗位/职位而导致新增的激励对象或某岗位/职位原激励对象流失，则在股权激励总股数中相应增加或减少与该职位价值相对应的股数，但总的用于计算激励款项的激励比例不变。

（2）每个岗位/职位对应的预授虚拟股数仅为该岗位/职位价值的计划激励股数。例如，总经理职位的预授虚拟股数为160万股，作为现任总经理，年终如通过考评实际拿到的股数为150万股，则总经理年度计算激励股数为150万股，公司总的计算激励股数相应调整为990万股。

（3）激励对象每年实际获得的激励比例=激励对象每年实际获得

的虚拟股数量/所有激励对象实际获得的虚拟股数量之和。

（4）激励对象每年实际获得的在职分红金额＝激励对象每年实际获得的激励比例 × 当年在职分红总金额。

此外，股权激励中还需要解决的问题是：如果员工离职了，那么股权退出机制应如何设置？

## 第六节 股权架构中的股权退出

一般来说，在股权激励中，员工退出可分为以下两种情况：一是员工尚未取得的股权，也就是说会丧失行权资格；第二种是员工已经行权，公司要收回该部分股权。

在以往的经验中，不少企业的员工在离职时，面临股权激励退出经常会引发争议和纠纷。虽然在目前的劳动法中对此没有明确的规定，但是如果企业被投诉，法院还是会根据股权激励协议中的签署背景、目的等来综合考量属于哪类争议。因此，涉及股权激励纠纷，对于不同的企业，法院往往会做出不同的裁定。

但在大部分的情况下，企业员工如果已经直接持有股份，原则上就已经成为企业的股东，因此，员工与企业之间就是劳动法律与公司法的双重法律关系。在以往的相关纠纷中，法院倾向于认为，"对于离职后是否属于享有股权激励的人员范围，有约定依约定，无约定不予收回。"

因此，如果公司在股权激励条款中约定员工离职后要强制转让或者回购股份，也就是说对离职员工获得的股权激励有约束，那么这个约定就是合法有效的。一般来说，可分为两种情况。

首先，如果是直接持股激励的话，若公司在进行股权激励之前就已经通过企业的管理办法、公司章程等方式，对于员工离职后的强制退出做出了相关规定，同时在召集程序、表决方式上符合法律或者公司章程，那么，当员工离职后，就应该配合公司去办理相应的工商变更登记手续。

其次，如果是虚拟股权或分红权激励的话，仅赋予员工分红权，不具备实质的决策权，更易被认定为具有劳动报酬性质。只要双方明确约定该劳动报酬的支付条件和退出机制，则仍会被认可。

当员工与企业根据劳动合同中的规定，解除了劳动关系以后，如果还继续让离职员工持有激励股权，没有对强制收购激励股权做出相关规定的话，就显然会背离股权激励的目的，也有可能影响公司股权激励的实施和公司的运营管理。因此，企业在设置股权激励方案时，应该同步设计好退出路径，明确员工离职时退出股权的条件、程序、价格以及时间等问题。

那么，关于离职员工的股权退出该如何操作呢？建议根据不同的情况来制定方案，可以参考以下方法。

（1）对于主动提出离职的员工，建议公司回购股份，回购的价格可以根据当初约定好的方案进行，比如按员工的实际工作时间等，按比例退还给员工入股时支付的本金。

（2）如果是员工因为个人能力不足被企业辞退的，企业也可以回购股权，回购的价格按照员工入股时的价格标准。

（3）如果是员工因为违反公司规章制度或因工作过失而被辞退的，也可收回员工的股权，而且由于员工是过失方，可以不支付对价。同时，如果员工在工作中造成了损失的，还需要把损失赔偿给公司。

对于员工已经拿到的激励股权和还没有行权的激励股权，企业都应注意约定具体明确的激励股权退出价格。员工离职，对于还未行权的那部分激励股权，企业可无条件收回，也就是说企业不需要支付给他任何对价；而对于员工已经行权得到的那部分股权，公司则要按明确约定的退出价格予以回购或转让。

但是，如果没有提前和员工约定好离职时的退出方案和价格，当员工要离职的时候，就贸然要求他们退出，员工肯定会和公司产生纠纷。而现在的法律和法院都是偏向于保障员工利益的，到时候很可能会按照公司当下的估值，决定员工所持有股权对应的价格。从这点来说，企业很可能会吃亏。

当然，在约定员工退出机制时，还应该考虑到员工在当初持有股份时是否有出资购买。如果员工当初获得股份是一种单纯的奖励，而没有出资购买，那么是可以约定离职时无偿退还的，公司有权将所赠予的股份收回。

同时，如果已行权的股权期权已经转让给持股平台或者第三方，那么就应该由持股平台支付给员工约定的价款，而如果激励股权是代持的，那么企业可以直接解除股权激励协议。

还有，在约定股权激励的退出机制中，要设计好明晰的退出时间，比如什么时候要收回股权、什么时候要支付股权转让款等，同时，对于违反约定需承担的法律责任也要讲清楚，避免因为股权激励的退出机制不完善而产生不必要的纠纷，这样不仅会伤了离职员工的心，也会损害企业在行业内的信誉。

说到底，股权架构考验的是一家企业对于人性的认识。而在企业发展过程中，认识人性比发展共识更重要，不同身份的股东，由于其所处的位置、背景不同，思考方式和高度也会存在一定的差异。

比如，投入人力、物力最大的创始人，他创办企业肯定不仅仅是为了钱，也会想实现自己的人生价值和理想，因为这就是他自己的事业，他心里肯定想要掌握企业的主导权，他所占有的股份比例就代表着权利。那么对于他而言，股权架构的核心就是保障这种权利。而单纯通过融资进来的股东，大部分是为了通过投资获利，那么他就会去衡量现有的股权架构能否让其最大限度地获益。

顺人性而为才可能有效果，因为每个人所处的位置，也决定了他的思考方式。

当然，每个人都存有私欲，所以也需要根据公司的发展需求，按股东的不同贡献，最大限度地满足大部分股东的需求。

如果能做到这几点，就是合理的股权架构。

## 第七节　避免股权融资协议中的陷阱

在融资的时候，投资人处在主动的位置，而创业者则往往处在被动的地位。因此，有不少股权融资协议设置得不够合理，布满"霸王条约"，侵害了创业者的利益。融资协议对于投融资双方来说，都是一个很重要的法律文件，它不仅约定了双方在法律上的义务，更是保护了双方在法律上的权利。

投资人团队有着专业的法律顾问以及丰富的投资经验，对融资协议的把握较为专业，基本上不会让自己蒙受损失。但是，对创业者来说就未必了，他们大部分没有专业的顾问团队，也欠缺融资经验，因此并不能轻易地看出融资协议中的陷阱和风险。因此，建议投资人要去咨询懂法律、懂股权的专业人士对投资条款进行把关。

那么，在融资协议中，常见的陷阱有哪些呢？

### 一、最重要也是最常见的，是融资协议中的对赌条款

所谓对赌条款，是指关于财务业绩和上市时间的约定。投资人会在融资协议中写清楚，要求被融资的企业年度财务业绩达到什么指标，如果没有达到这个目标，就是违约，那么投资人就有权要求企业赔偿股份或赔钱。此外，在一些对赌协议中，投资人还会要求企业在规定的时间内完成上市。如果没有完成，企业同样会面临被收购或者赔钱的困境。

### 二、抢夺分红和股权购买、清算的优先权，企图拥有一票否决权

做过企业的都知道，这些都是一家企业的核心权利，应该掌握在公司的核心管理层手中，如果投资人在融资协议中写明这些内容，就意味着大大损害了公司管理层的利益，属于"不平等条约"。

如果协议中有这种强买强卖的条款，那么融资就无异于"卖身"，相当于把自己辛辛苦苦创立的企业拱手让人，即使能融到资金，但是企业的创始人也会从老板沦落为打工者。

另外，还有不少投资人觉得自己手握资金和资源，意图去抢夺企业的一票否决权，甚至要求为企业指派董事。按法律规定，在董事会的表决中是一人一票，如果投资人要求一票否决权，就意味着掠夺了其他股东的权利，长此以往，很容易引起矛盾和冲突，从而阻碍企业

的决策和发展。

除此以外，很多创业者或者投资人为了赚取更大的利益，往往会在融资协议中触犯政策红线。大家要记住，你能够赚到的钱，大部分都是企业承担社会责任的回馈。如果想要成功创业，想要长远而安稳地赚钱，就必须遵守国家法律法规，坚决不触碰法律红线。

在这里，列举一个因不靠谱的股权融资协议模板导致融资失败的案例。

2011年，某知名大学的几名毕业生成立了一家教育公司。公司发展很迅速，因为有着行业内优质的教育资源和先进的信息技术支持，而得到许多客户的认可。在短短的两年时间内，从一家不知名的小公司发展成为全国知名企业。

为了更进一步地发展，公司的几位原始股东决定要融资。这个时候，有两家专业的投资机构向他们伸出了橄榄枝，各自以150万元来投资教育公司。这些看起来还不错的条件，让创始人很满意，加上他们急于融资以及对投资机构的信任，因此，他们随随便便在网上找了一份免费的股权融资协议模板就用上了，也没有咨询过任何专业人士。

而两位投资人在拿到股权融资协议后，私自调整了里面的一些条款，同时添加进去一项对赌内容，如果该教育公司在规定时间内业绩达不到2000万元，创始人就必须以原投资额两倍的价格回购投资人之前已经购买到的股权。而这个对赌条款，这家教育公司的人并没有重视，他们认为自己的公司发展前景非常广阔，在规定的时间内肯定能达到要求的2000万元业绩。因此，在没有咨询过股权专家或律师的情况下，就贸然签订了这份调整过的"不平等条约"。

很快，规定的时间就到了。令人遗憾的是，教育公司并没有达到投资人要求的业绩，根据对赌协议，他们只能按约定以两倍的资金回购投资人当初购买的股权。其实，这一后果在他们签订协议的那刻起就是意料之中的。因为商人从不做赔本的买卖，他们在加入这个条款之前，肯定是经过精密的计算和谋划的。

最终，两位投资人通过股权融资协议中的种种漏洞，实现了低投入高回报。

案例中的教训告诉我们，在融资的过程中，要高度重视股权融资协议中的每一个条款，如果你轻视它，那么它就会轻视你。有的时候，一个不起眼的小数点也能导致极大的损失。

因此，在公司成立之初，企业内部就要进行股权与控制权设计，这样不仅能够避免股东纠纷，还能确保公司有序地运营与发展。合理的股权架构设计，对于企业后面上市或者融资都是非常有利的。

在股权融资的道路上，隐藏着千千万万的"坑"，作为企业的掌舵人，一定要尽量避免把企业带进"坑"里。

# 第十四章　股权融资的实用技巧

很多企业无法长时间生存下去,做大做强的原因之一,就是不懂得为自己找到更强大的资金支持和行业资源支撑。不是所有项目只要迎着东风都能扬帆起航,有了东风,没有动力引擎也是徒劳无功。股权融资因为能为企业提供源源不断的发展动力,而成为大部分想要获得持续性发展的企业的首选,但是,如果没有选择到合理的股权融资方式,反而会给企业带来无法预料的负面效应。

任何商业行为的本质,都只是一场生意,融资也不例外。融资既然是一场生意,就意味着要盈利,要盈利就有风险。那么,如何才能避免这些风险,找到融资的门道呢?

我们先来看看股权融资的基本流程。

(1)企业管理当局(董事会或股东会)确定融资计划,并授权具体负责人,或股东会授权至董事会。

(2)对自身进行基本尽职调查,必要时聘请外部专业财务顾问或人员协助,准备公司介绍基本资料或商业计划书。

(3)引入投资机构初步洽商。

（4）在签署保密协议后，有意向的投资机构进行尽职调查。

（5）沟通、谈判直至确定最终投资方案，签署投资协议。

（6）公司董事会、股东会完成必要的决策程序。

（7）资金到位，办理验资、工商变更登记手续。

接下来，在了解股权融资常见的几种方式基础上，具体来讲解一下股权融资的门道。

## 第一节　股权融资的四小类

近年来，相信大家听过不少公司因为非法集资而被查封的新闻，特别是在投资理财领域。某些公司冒充合法的金融机构，用高利息来吸收公众存款，再用这笔巨款来投资或者非法放贷。这些人的骗术高明，普通老百姓根本不懂得鉴别，特别是那些贪图小便宜相信天上会掉馅饼的人，常常会被骗走所有积蓄。

为什么要在这里和大家讲非法集资呢？我们知道，虽然股权融资是一种合法的商业行为，但是非法融资常常会披着"股权投资""私募股权"的外衣，做着非法吸纳老百姓存款的勾当。非法集资不仅仅坑老百姓，还会坑企业。如果企业想要避免掉进"坑"里，就要先了解股权融资与非法集资的区别到底有哪些。

股权融资一般都有正规的法律手续，全部经过有关部门依法定程序批准。而非法集资大部分是没有经过有关部门依法批准，或者是由没有批准权限的部门批准以及有审批权限的部门越权批准。

同时，股权融资的投资人或投资机构是特定的，数量不多，而非法集资却是公开的，面向不特定的人去吸纳资金。此外，股权融资一般不对投资人承诺保本和固定收益，而非法集资几乎都会对投资人承诺在某个时间就能收回本金，还约定给予高额的收益率。大家要记住，承诺固定收益的一种表现形式是保本付息，是否签订了保本付息条款是认定是否构成非法集资的主要标准。

那么，如何避免掉进非法集资的陷阱中呢？

企业在进行融资时，首先要了解相关的法律知识，学习如何识别和避免法律风险。特别是一些规模较小、效益不稳定的小企业，因为自身实力问题，无法向银行贷款，只能通过民间借贷的方式去融资，这个时候就很容易掉入非法融资的陷阱中。但是，如果我们的整个融资过程都严格遵守国家法律、行政法规的有关规定，遵循自愿互助、诚实信用原则，就能够在很大程度上避免。

有了相关法律知识作为基础，我们就可以通过股权融资合法地为企业募集资金了。那么，股权融资都有哪些渠道呢？

大家或许听说过，融资可以分为直接融资和间接融资。直接融资通常指股票和债券融资，间接融资通常指银行贷款。直接融资与间接融资的比例适当，才能形成合理的社会融资架构。

所谓直接融资是指没有金融机构作为资金流转的中介，而由资金闲置方与资金需求方直接对接、签订协议，来实现资金流转。而间接融资则是指以金融机构为中介，通过存款、发行有价证券等方式暂时归集社会闲置资金，后面再把资金打到需求方的账户上，比如通过贷款、贴现等形式。通常我们所说的股权融资，就是间接融资。

最常见的股权融资有以下4种方式：股权质押、股权转让、增资扩股、私募股权融资。接下来，将逐一为大家讲解。

### 一、股权质押

所谓股权质押，其实就是股权质权，是指出质人用自己的股权作为质押标的物而设立的质押。一般来说，以股权为质押标的物时，股权的效力并不等于拥有股东的全部权利，只是拥有其财产权利。因此，从本质上来讲，股权质押是一种质押融资方式，简单来说，就是拥有股权的质押人将股权作为质押物向金融机构等被质押人进行质押，从而获得资金的行为。

比如，一家注册资金 1000 万元的高科技企业，想要通过融资来谋求更大的市场。由于它没有任何具有高附加值的实物来作为抵押物，于是，这家企业最大的股东就把自己手上的 90% 股权作为质押物抵押给创投公司，通过这种方式来获得高额融资。当该企业的股东换人之后，企业内部的股权会进行重新调整，再次办理股权质押。

虽然说股权质押不失为股权融资的一种可行方式，但是股权质押的风险还是不可忽视。2020 年，国务院印发《关于进一步提高上市公司质量的意见》，指出要控制增量、化解存量，多部门共同参与，强化场内外一致性监管，强化风险约束机制，稳妥化解上市公司股票质押风险。

由此可见，股权质押的风险是普遍存在的，虽然其大部分是针对投资人而言的，但是我们也需要了解一下，以免无意中触犯到法律红线，给公司带来信誉和利益的损失。

股权质押最常见的风险有以下几个。

首先，是股权价值浮动下的市场风险。股权设质如同股权转让，质权人接受股权设质就意味着从出质人手里接过了股权的市场风险。而当企业面临经营困难出现资不抵债时，股权价格下跌，转让股权所得的价款极有可能不足以清偿债务。

其次，出质人信用缺失下的道德风险。股权的价值依赖于公司的价值，股权价值的保值需要质权人对公司进行持续评估，而未上市公司往往存在治理机制不完善、信息披露不透明的情况。如果碰上了不讲信用的公司，质权人更是难以对公司的生产经营、资产处置和财务等状况进行持续的跟踪、了解。

此外，还有由于法律制度不完善和股权交易市场不完善导致的风险。我国的《公司法》规定，外商投资企业实行注册资本授权制，内资有限责任公司股东可以自主约定认缴出资额、出资方式、出资期限等，并记载于公司的章程中。因此，企业股权的取得并不是以已经实际缴付的出资为前提，企业股东可能会以其未缴付出资部分的股权设定质权，给质权人带来风险。而如果交易市场对企业的价值评估过低，就会导致出质人无法获得更多的融资。

那么，这些风险该如何防范呢？

通过上面的介绍，我们不难发现，股权质押融资活动中的风险大部分是由股权的特性、法律体系制度等内外条件造成的，因此，风险防范也应从这些方面入手。建立有效的风险防范机制，不但可以规避股权质押融资过程中的风险，还能大力促进股权质押融资的良好发展。具体可以通过以下两个方面来进行。

一方面，要先判断标的的安全性。当以股权出质时，需确定出质的权利，如果出质人无力清偿债务时，根据《民法典》规定，"债务履行期届满质权人未受清偿的，可以与出质人协议以质物折价，也可以依法拍卖、变卖质物。"

另一方面，要评估质权的担保力度。股权质押担保力的大小，能够决定债权的安全，因此需要评估股权质权的担保力度，这样质权人心里就会有底。

而评估质权的担保力度，又可以从分析质权价值和分析出质股权价值交换这两方面来进行。前者包括红利和分配企业剩余财产，而后者则代表股权在让渡时期的价格反映。

此外，还要考虑股权质权的实现性。简单来说，就是当股权质权人对其债权的清偿期已满，需要进行清偿时股权质权的实现方式，也就是对质物处分的方法。实际上，股权质权的实现和动产质权大同小异。

作为企业家，在进行融资的时候，特别是选择股权融资方式的时候，一定要以信誉为先，不要损害到投资人的利益。毕竟，一家企业想要得到长远的发展，就必须以诚信为先。在办理股权质押融资时，要保证出质股权的保值和增值，防范股权出质的道德风险。

## 二、股权转让

股权转让是指企业的股东在融资的时候，根据相关法律规定，按比例把手中的股份转让出去的行为。在股权转让的同时，就相当于把股权中的相关权利转让了出去。

比如，浙江某家液压公司成立的时候，有4位股东共同出资，其中，某位股东出资15万元，占出资额的30%，而后来当他把手上的30%股权转让给上海的一家液压有限公司的时候，以同样的15万元价格达成交易，同时把他作为股东的相关权利一同转让了出去。

看到这里，你或许会产生一个疑问，在出让股份的时候把权利一起转让出去，难道就不需要公司其他股东的同意吗？没错，对于有限责任公司来说，股权转让分为内部转让和外部转让两种，在内部转让的话，是股东之间相互转让股权，一般是完全自由的，不需要征求其他人的同意。而当原来的内部股权转让给外部人员的时候，是需要征得其他股东同意的，票数至少要在一半以上。

当然，股权转让和股质转让一样，也具有一定的风险。一般来说，股权转让的风险主要是由于股权转让协议不完善而产生的，比如交易双方没有签订任何书面的股权转让协议，仅以口头或股东会决议约定。俗话说"口说无凭"，我们要记住，在商界任何口头的承诺都不靠谱，必须用协议来约束双方的行为，才能最大限度地保障自身的利益。

除此以外，某些股东在转让股权之时，没有依规履行书面通知义务告知其他股东，也会产生即便股权转让合同有效也无法履行协议的风险。

那么，我们该如何防范以上这些风险呢？首先，应注重交易信息沟通披露，法律和审判实践对持有更多交易信息的转让方课以较为严格的信息披露义务；其次，应尽量完善股权交易前期尽职调查，并合理设置股权转让条款；最后，建议投资人要加强法律法规学习，从而完善内部治理规范。

### 三、增资扩股

所谓增资扩股，是权益性融资的一种形式，是指企业向社会募集股份、发行股票、新股东投资者或原股东增加投资扩大股权，从而提高企业资本金。

对于有限责任公司而言，其通常是指企业增加注册资金，新增部分由新股东认购或新老股东一起认购。

常见的增资扩股方式主要有以下两种。

方式一：后续出资金额产生变化。这种形式最突出的特点就是会改变原有的出资比例。比如，某企业原本的出资金额为2000万元，其中，几位股东的出资金额和占总出资额的比例分别为：1000万元，占 50%；600 万元，占 30%；400 万元，占 20%。后来，这家企业要增资 1000 万元，前面这几位创始人分别认缴 200 万元、600 万元和 200 万元。那么，在认缴后，这家企业原来的股东出资比例就发生了变化，分别是 40%、40% 和 20%。

方式二：按原有出资比例增加出资额。这种出资方式和前面那种一样，都是在企业发展一段时间后，需要追加出资金额，不同的是，后续追加的比例和之前的一样。比如，某家公司的出资总额是 1000 万元，股东们出资 500 万元的占 50%、出资 300 万元的占 30%、出资 200 万元的占 10%。后面追加 1000 万元后，仍按原有的金额出资，那么股权比例没有发生变化，但这种出资方式只适用于股东内部增资。

### 四、私募股权融资

所谓私募股权融资是相对于股票公开发行而言的，具体是指私募股权非上市企业和上市企业非公开发行和交易的普通股、依法可转换为普通股的优先股和可转换债券。

私募股权融资就是指融资人通过协商、招标等非社会公开方式，向特定投资人出售股权进行融资，包括股票发行以外各种组建企业时的股权筹资和随后的增资扩股，一般是大中型企业通过增加企业新股东，来获得资金的一种股权融资行为。

私募股权融资的优势主要有以下几点。

**1. 资金来源较为稳定**

私募股权融资不仅不会对企业形成债务压力，反而还能提高企业的抗风险能力。同时，一般来说私募股权融资不会要求企业支付利息，因此不会对企业现金流造成负担。

**2. 服务的附加价值较高**

私募股权的投资人大部分是行业的知名企业家或者风投专家，具有强大的背景和专业知识能力，能够为企业的发展出谋划策。

**3. 财务成本相对较低**

获得私募股权融资后，企业能够获得财务部门为之设计的最合理的企业资本架构，从而降低财务成本，同时能够获得更强大的资产负债能力和融资能力。此外，企业的内在价值也能够得到极大的提高。如果能够成功获得来自知名企业或者投资人的资金，不仅能够提高企业的知名度和可信度，而且企业也更容易开拓客户资源和市场资源。

任何事物都有两面性，私募股权融资也不例外，那么，私募股权融资又有哪些劣势呢？

首先，和所有的融资方式一样，企业在进行私募股权融资后，原股东的股权会被稀释，容易失去主动权，权利和义务也要被迫重新调整。

其次，融资之后，股权架构也会进行重新调整，管理权将归股权出让后的控股股东所有。

再次，如果管理权交给了新的管理者，而他们又有新的发展规划的话，就有可能改变创业者的初衷和设想。

最后，投资人为了尽快收回投资成本，有可能会改变企业发展战略以在最短的时间内获利。

## 第二节　股权融资的选择技巧

公司股东通过转让公司的部分股权，对公司进行增资，为公司引进了新的股东。通过股权融资获得资金后，企业不需要偿还债务，但是新股东将和老股东一样分享企业的收益和增长。

通过股权融资，公司可以获得一定的股份。股票融资是指用企业股票换取另一方的资金，股本金不用还，这就意味着投资者要和你一起承担风险，当然了，共同承担风险换来的是享有同样的分配权益，通过融资合作，权利与义务对等，实现共赢。这类权利与其投资限额成正比。

融资方式不同，其作用、运作机制和产生的经济效益不一样，对企业的发展及产生的影响也自然不同。然而，世界上没有免费的午餐，尤其是在商业市场上，说到底，都是资源的交换。所以，无论你选择哪种股权融资模式，都会在一定程度上对企业发展产生深远的影响，企业应该根据自己的特点和近况做出选择。

俗话说："合适的才是最好的。"对于企业来讲，选择合适的融资方式，是预防风险的第一步。那么该怎么来选择呢？我建议可以这么做。

## 一、参考当下市场和经济环境

做任何事都离不开环境的影响，在生存中如此，在创业中更是如此。作为创业者，一定要懂得审时度势，对自己所处行业的大环境有一定的全局性认识。不然，就无法及时察觉行业的风向，带领企业快速发展。

不少创始人去谈股权融资合作的时候，投资人往往会以行业环境不景气为由加以婉拒，这个时候，如果我们自己对整个行业缺乏较为深入的了解，又拿什么来说服投资人呢？

那么，我们要了解的行业环境，具体包括哪些方面呢？

所谓行业环境，除了外在的经济环境以外，还包括了股权融资的环境。如果融资的环境不理想，那么很有可能你所找的投资人也和你一样缺钱。或许你会产生一个疑问，为什么投资人缺钱还出来找合作的项目呢？很简单，因为投资人必须通过不断找项目来保持对市场的了解，同时，也是在为未来的合作方做储备。

而经济环境是"流动"的，如果企业资金短缺，那么职工的收入就低，收入低了消费能力就会低，企业的生存也就更加艰难。经济环境不理想会导致很多问题的出现，而且这个负面的影响是非常广泛的。创始人一定要对整个大的市场环境有所了解，因为投资人不会一次只找一个投资项目，而是会同时了解几个投资项目，一般来说，投资人都会综合考虑整个市场，从中挑选出最有市场的项目。但是，如果经济环境不好，投资人投资时就会更加谨慎。

此外，投资人和企业看问题的角度是不同的，创始人看到的行业环境，往往只是行业内的环境，比如供应链上游以及原材料价格等。而投资人所关注到的环境，是整个市场经济环境，包括未来几年内的市场发展趋势。那么，当市场环境不太理想的时候，我们又该如何来完成融资计划呢？

首先，我们在和投资机构沟通的时候，可以询问对方最近投资了哪些项目，又成功退出了哪些项目，由此判断投资人手上有没有钱。其次，可以请教对方，哪些行业的发展前景是他比较看好的。即使这次融资没有成功，但是谈判的过程不仅能够提高你对投资人的理解，而且是一次特别好的学习机会，可以学习如何从投资人的角度去看问题，同时通过他了解现在的市场发展方向。

在这里，建议大家在找融资资源的时候，可以多找几家机构进行对比，开拓渠道。而不同的投资机构，其背后的资金来源也有所差异。比如，瑞幸咖啡在上市前，就已经和不同的投资机构合作过，进行了多次融资。如果合作的投资人的渠道单一，那么可能经常会遇到投资人没钱的状况。

此外，还可以换一个角度去思考问题，比如找上市公司或者大型知名企业寻求战略性的合作。虽然近年来全球经济不太景气，但是阿里巴巴、腾讯等互联网巨头的战略投资非常活跃，就是因为他们的战略思路比较开阔，只要思路拓宽了，机会和选择也就拓宽了。

在寻找融资合作方的过程中，如果你遇到的所有投资人都认为你的项目缺乏前景，那么就建议你要重新审视项目的可行性。如果在研究了市场之后，确信还是具有可行性，则可以在不改变大方向的前提下，稍微调整一下策略。

总之，我们在做股权融资之前，要先站在整个大市场的角度来思考问题，所谓大市场，就是指当下的经济环境。同时，要根据自己企业的财务状况来做选择。企业要想跟上经济快速发展的步伐，必须要有更多的固定资产、存货和人力资源，因此，在经济快速发展的时期，企业一般可以通过增发股票、发行债券、向银行贷款等融资手段来获取所需资金。而当经济增长开始放缓时，企业的资金需求就会减少。

## 二、比较各种融资方式的资金成本

不同的股权融资方式，其成本也有所差异，这常常导致很多创始人陷入一个误区，认为"我就要选择成本最低的"。其实，并不是说成本越低的方式就越好，成本越低在一定程度上意味着利润也越低，同时抵抗风险的能力也越低。企业要根据自身需求，选择成本合理的方案。

当然了，在选择合适的融资方式后，我们还是要尽量降低融资中的成本。那么，该如何降低融资成本呢？

### 1. 预测资金支出数额

创始人需要了解，在企业运营的过程中，什么时间段资金链有可能断掉，这个资金缺口有多大，有什么渠道去填补这个缺口，要在什么时候提前进行融资。在具体经营中，要先通过预测企业的盈利点和还款能力，来预测出企业运营中的资金支出。如果运营资金需求只有100万元，就不要提出200万元的融资要求。

### 2. 制定不同渠道的融资方案

投资人要将不同的融资方案进行比较，从中选择最适合自己的融资方式，这样，才能在最大限度上降低风险。不同的渠道，优势和劣势都有所不同，我们可以把自身的需求列出来，然后根据这些需求制定出几种行之有效的融资方案，然后对其进行比较。

### 3. 比较同种融资渠道成本

在制定了几种不同渠道的融资方案后，可以按融资成本的高低排序，然后综合其他需求来择优选取。此外，还需要考虑各种融资方案中的隐形费用，比如公共关系费用等。如果你有某种融资渠道的资源，那无疑能大大降低这方面的费用，那么对于你而言，就是这种渠道的优势之一。与此同时，可以逐个与不同渠道的投资人进行洽谈，以争取更低的价格。

### 4. 要考虑运用财务杠杆作用

不同的融资渠道，其产生的财务杠杆也有所不同。虽然任何形式的股权融资都能够在一定程度上降低财务杠杆，但大家还是可以根据自己的实际状况，选择财务杠杆合适的方案，这样才能最大限度地减少融资成本，从而提高经营效益。

**5. 组建有效的融资团队**

专业的融资团队应该由企业内部的资本策划师和财务人员参与，而比较大型的融资项目还需要专业的中介机构协助，来计算企业偿债能力和融资成本，同时，企业的谈判人员也能够为融资谈判带来推动作用。股权融资并不是一个负责人就能够完成的，而是需要整个团队的协作，每个人负责其最擅长的领域，分工合作，这样才能够以较低的成本完成股份融资。

需要提醒大家的是，在谋求降低融资成本的时候，一定要以诚信为主，不能为了追求低融资成本而放弃企业经营的底线。

总而言之，由于不同的融资方式具有不同的资金成本，所以，为了以较低的融资成本取得所需资金，企业应全面地分析和比较各种筹资方式的资金成本的高低，尽量选择资金成本低的融资方式及组合。

## 三、充分考虑到各种融资方式的陷阱

虽然在股权融资的道路上难免会遇到各种各样的陷阱（不同类型的融资方式的陷阱，我们在前面有详细的讲解），但是，陷阱也是有相对性的。比如，有些陷阱对于某些企业来说，可能会给企业带来灭顶之灾，但是对于某些企业来说简直不值一提，因为他们刚好有避免这种陷阱的资源和能力。因此，建议大家要综合考虑自己的优势和劣势，来选择你最有能力规避陷阱的融资方式。

## 四、围绕企业发展阶段需求

也就是说,要根据企业的发展阶段,选择不同类型的股权融资方式。处于不同发展阶段的企业,其融资目的、融资规模等需求都是不一样的,那么也就意味着,对于需要融资的企业来说,不同阶段所采用的估值方法也不尽相同。

接下来,我们就按不同的企业发展阶段,来具体讲解该如何进行股权融资。

### 1. 企业的初创期

企业上市之前,一般要经历数轮股权融资阶段。大部分企业在第一次进行股权融资时,都会选择天使投资这种股权融资方式。因为这个阶段的企业,大部分的项目都处于规划阶段,需要比较高的融资资金来启动项目,帮助企业把想法落地,把概念产品变成实际产品。但是,市场数据显示,天使轮企业的失败率还是比较高的,平均1000个天使轮企业仅仅有2.5家成功,能够发展到上市的企业更是寥寥无几。

因此,为了提高天使投资的成功率,要选择专业度高的投资人。一般来说,出于后续融资和企业管理发展的考虑,企业出让的股份要在25%以下,所以天使轮融资规模普遍都在50万~500万元之间。

### 2. 企业的发展期

经过了一至两次融资之后,企业的产品基本已经落地了,商业模式也趋向定型。虽然企业已经开始获得一定的成绩,但是由于其边际成本较高,实际利润水平可能还处于亏损中。所以,在这个阶段,企业还是需要一笔数额较高的资金去提升产能,同时打通宣传和销售的渠道,从而助推企业快速发展到另一个阶段。由于此时企业自身已经具备一定的竞争力，所以企业可以按照自身发展的需求，引入专业性较高的投资者，比如风险投资等。在这个阶段的融资中，融资的规模大部分都在 1000 万元 ~ 2 亿元之间。

3. 企业的成熟期

在经历了前面几轮融资的洗礼后，到达 PE 阶段的企业商业模式已经比较成熟，公司盈利能力凸显，在行业中具备相当领先的地位。在这一阶段融资的目的，除了继续保持市场占有率外，更重要的是保持其行业领先优势地位，同时也为上市做好充分准备。

发展得越大的企业，投资者越看重其公司的治理架构、财务规范以及内控合规等能够对企业上市造成实际影响的方面。因此，对于发展到一定程度的企业来说，通过专业投资机构进行股权融资更为合适。

## 五、分析企业所处行业的竞争程度

如果企业所在行业竞争不激烈，进入和退出行业难度较大，而企业的销售利润在未来几年内能够快速增长，则可以考虑增加负债比例，获取财务杠杆收益。

## 六、综合考虑企业资产架构和资本架构

在进行股权融资时，我们要根据企业的发展和规划，选择能够支持这些发展和规划的融资方式。有些融资方式的投资人只是以资金入股，不能为企业带来产业链上下游资源、产品和补助资源等，有些融资方式的投资人则不仅仅能给企业带来行业资源，还能够提供上市等

金融服务，我们需要根据自己的需求来选择。

### 七、分析利率、税率的浮动

在进行股权融资时，利率和税率的浮动也是需要参考的指数之一。如果当前的利率较低，但预计日后有可能上涨，则企业可以选择财务风险适中而成本较低的股权融资方式，从而在几年内将利率保持在较低水平。反之，如果当前利率较高，则企业可以选择财务风险较低的股权融资方式。

## 【案例】顺丰速运成立20年首次融资管理不放权

在国内，最著名的私募股权融资案例当属顺丰速运。顺丰速运成立20年来，第一次进行股权融资，就选择了私募股权融资这种方式。而此次融资资金来自元禾控股、招商局集团、中信资本、古玉资本等多个投资机构，投资金额高达80亿元。

顺丰速运之所以能够在这次融资中避开各种风险，得益于其明晰的股权架构和简单的债务债权关系。

任何企业在计划融资之前，都会重新调整自己的业务，以吸引投资人的目光，顺丰速运也不例外。顺丰速运首先调整的是它在境内的业务，主要由两部分组成，快递业务和商业业务。快递业务由各快递营业部、顺丰航空及相应的后台支持系统组成，商业业务主要由传统商业和未来重点发展的电商组成。

在私募股权融资之后，顺丰速运的股权架构也进行了重组。分别是元禾顺风、嘉强顺风、招广投资均出资 6 亿元，各占顺丰控股 7.658% 的股权，古玉出资 1.2 亿元，占顺丰控股 1.532% 的股权，而顺丰控股自己则仍持有 75.494% 的股权。可见，顺丰速运在此次股权融资中，不仅获得了高额的资金投资，而且还没有失去企业的管理权。

总而言之，企业家能选择的股权融资方式还是不少的，建议根据自己企业的实际状况和发展需求来选择适合的形式，同时要避免出现风险。

## 第三节　找到最适合和合理的商业模式

小米创始人雷军的七字真言是：专注、极致、口碑、快。这几个字，恰好也是融资的关键。为什么呢？

首先，做任何事业都需要专注，没有坚定的信念就不可能获得成功。其次，无论在创业路上遇到任何困难，你都要拿出工匠精神把事情做到极致，这样才有可能脱离平庸，让投资人看到你与众不同的价值。再次，无论是对合伙人还是投资人，都要树立自己的口碑，以诚信为主，这样才能吸引更多的合作伙伴。最后，这个"快"字，并不是要求大家急功近利，而是指要用最快的速度为企业获得更多的支持，让投资人在最短的时间内获利。

经商的人都知道，资金是一家企业生存下去的命脉，而如何熟练运用各种融资渠道和工具，满足经营中的不同资金需求，降低资金成本，已成为企业管理中最重要的一环，直接影响到企业的效益，甚至是企业的兴衰存亡。

一般来说，企业之所以会融不到资金，主要是因为以下几点。

（1）创始人和团队不被认可，这里的"不被认可"并不仅仅是由于个人能力问题，还有的是因为不善沟通而导致错失机会。

（2）公司管理不行，比如股权架构不合理、业务设置不合理等。

（3）项目本身没有发展前景，市场空间较小，竞争过大。

这些都是我们在融资之前就需要解决的。股权融资不能冒进，企业首先要明确哪些商业模式适合自己，其次要坚定自己的路线，然后找到靠谱的投资伙伴，才能成功获得融资。

一个好的商业模式，能够发挥事半功倍的效果。那么，到底什么是商业模式？简单来说，就是能够决定这几个问题的模式：企业是做什么的，主要卖什么产品，怎么去卖产品。

比如阿里巴巴，其本质是互联网电商平台，其主要的商业模式就是通过卖广告位和推荐位，以及免费吸引商家开店来获益。而百度的商业模式，则是通过做搜索引擎提供互联网广告服务，按用户的点击量来收取广告费用。我们不难发现，这些知名企业的商业模式都是非常明晰的，同时又能区分于其他同行，拥有属于自己的行业竞争力。

那么，什么又是好的商业模式呢？简单来说，好的商业模式就是简单的、可持续的、可延伸的。

所谓简单的商业模式，比如前面提到的阿里巴巴和百度，看似这两家公司的业务很多，但其实它们发展至今还是以最初的业务为主。大道至简，专注地做简单的业务，把简单做到极致，做到无人可复制，你就是成功的。特别是对于中小型企业来说，如何找到属于自己的核心业务非常重要，不要什么都想做，找准自己的核心竞争力，把它发展成为自己的企业"底牌"，才能立于不败之地。

而可持续的商业模式，顾名思义，就是能为你长远地带来利益的。近年以来，在商界出现了很多所谓风口，我们要学会鉴别哪些只是昙花一现，哪些市场广阔。不能长远发展的项目，说到底就是为了圈钱，如果你单纯是想赚一笔钱就退出，那你可以忽略我说的，但如果你是想做事业，那就应该找到一种可持续的商业模式。

那么，我们如何知道哪些项目是能得到长远发展的呢？很简单，能满足大众实际需求的，同时这种需求是有重复性的，就是可持续发展的项目。比如，阿里巴巴的主要业务是互联网电商平台，在该平台上，只要你能想到的基本上都买得到，这就意味着它的重复购买率很高，是能持续发展下去的；百度也类似，只要你想要搜索的，都能找到相关的信息，这就代表着任何行业的商家都可以找他们打广告，特别是那些高需求的日常消费行业，从而给百度带来源源不断的收益。

再说一下可延伸的，简单而言，就是能够全方位深入挖掘客户价值。比如，你第一次通过阿里巴巴平台买文具，下一次很可能又会在这个平台购买其他产品。而阿里巴巴除了在首页卖广告位以外，还可发展到在各个内页卖广告位，当你买了文具之后，它便自动在文具页面给你推荐相关产品等。阿里巴巴延伸业务做得最好的支付宝App，就是从最初只满足人们的交易需求，到如今添加了城市服务、花呗等，涵盖了与人们日常生活息息相关的方方面面。

百度做到今天这个规模，其业务已经从满足人们的搜索需求，延伸到新闻、地图、贴吧、视频等。这些延伸后的功能，都是在积累了一定的用户之后，根据他们的需求有所延伸的，这就是所谓全方位挖掘客户价值。

因此，我们除了了解商业模式的重要性以外，还会发现，大部分能够长远盈利的企业，往往有着两个特点。

第一，企业卖出的每一件产品，都是紧紧围绕客户需求的，通过不断挖掘客户需求，开发新的功能。

第二，产品大部分具有不可替代性，同时用户的黏度很高。这种不可替代性，并不是说一定要去做创新的、其他同行没有的产品，也可以在老产品上做出创新。比如，做视频的企业数不胜数，那你凭什么是不可取代的呢？因为你在社交方面做到了极致、你在付费方面做到了最有优势等，这些小的方面都可以是你不可取代的优势。

总而言之，合理的商业模式一定是能够满足这两点的：首先是能够让企业存活，其次是市场前景广阔。如果你不知道具体该怎么找准适合自己并且适用于市场的商业模式，建议参考以下方法。

（1）紧紧围绕市场的需求。做产品如果没有市场，就等于在做无用功，只有紧紧围绕消费者的刚需或者个性化的需求来做，才能打下属于自己的市场。

（2）在创业的时候，要考虑所有的资源能够支撑企业的持续发展。在创业的过程中，大部分人都会经历亏损阶段，这是正常的，不过时间不能过长，不然就会没有资源进行衔接。

（3）要打造出属于自己的企业威望。不少创业者认为，自己的企业属于新创立的企业，在行业内没有话事权，在和投资机构洽谈的时候，不敢和对方提太多的要求，几乎什么都听对方的，甚至同意一些不合理的要求。造成这种状况的原因，主要就是企业老板缺乏主见，这不仅仅会影响企业的融资，更重要的是在企业运营的过程中不能牢牢把握方向，导致商业模式不合理或者不固定等。

如果你能够找准属于自己的商业模式，找到使企业长远获益的方式，同时又具有一定的创新性，那么，你愁的就不是能否成功融资的问题，而是该选哪一个合作伙伴的问题了。

现在不少人在刚开始创业的时候，都是找几个相互投契的熟人来合作，其实这种做法很不科学。根据以往的经验，熟人合伙做生意，最容易出现经济纠纷，不仅伤感情，还会损害到公司的利益。最好的办法，还是通过商业人脉去找靠谱同时又有能力的合伙人，比如在技术、市场、营销方面各有专长者。

## 第四节　坚定企业发展路线，用谈判策略获得投资人认同

每个人在成功之路上，都离不开赏识你的人提供的平台和机会。创始人得到融资，其实就是得到一种认可。而融资之路并非一帆风顺，也不可能经过一次谈判就能获得成功。在融资的过程中，你的项目会受到无数次的质疑、无数次的嘲讽，很多人在这个时候都会自我怀疑，这些成功的投资人都说我的项目不行，难道这个项目真的不行吗？

学会自省是好的，但是做事业更需要坚定的信心和决心。如果是经过科学的市场调研以及理性的判断定下的目标，那么就无须在意他人的闲言碎语和否定，因为只有走下去，才能验证你到底对不对。不要因为他人一句话，就断送一个可能成功的机会。在商界，并不缺乏被无数次否认仍坚持下去最终获得成功的案例。

比如腾讯，刚成立之初连自己的商业模式都没有，马化腾到处借

钱、找人融资，可是每一次都是失望而归，他甚至还一度想要把 QQ 卖掉，而投资人对这个产品却嗤之以鼻："就你这么个东西，还能值钱？"于是，马化腾痛定思痛，干脆用了整整一年的时间，去不断地修改商业计划书，调整商业模式，最终用 20% 的股权换取了 IDG 和盈科数码的 220 万美元投资。

搜狐的成功之路也是困难重重，当张朝阳找高盛公司投资的时候，高盛公司的一位高层直接说："我决定不给你投资了，我来告诉你电梯怎么走，你出去吧！"后来，是另外两位投资人投资了 200 万元才成就了今日的搜狐。

可见，融资考验的不仅是企业的实力，更是创始人的心态。你只有把心态摆正了，不急功近利，坚定自己的目标，才有可能获得成功。

当然，在融资路上，单有好的心态也是不够的，也要学会一些谈判技巧，才能在融资谈判时把企业的优势最大限度地展示出来。

大部分企业在融资的时候，都是处于被动地位，需要主动地去寻找投资人。而投资人则处于主动地位，他的选择也有很多。那么，大家都找他要投资，凭什么要给你投呢？

创业者在接触投资人之前，一定要先准备好这些问题的答案："你做了什么东西？跟别人做的有什么不同？功能是什么？你的东西能为用户创造什么样的价值？你的目标用户是谁？用户为什么要用你的东西？"只有把这些充分地准备好，才能自信地应答如流，从而赢得投资人的好感。

大部分的创业者都认为对自己所做的事情非常清楚，没有必要再去准备什么，但还是建议大家应当给予高度重视和充分准备，因为你永远不知道对方会问什么问题，想通过这些问题了解什么。

比如，如果投资人问你以前做过什么，你就要思考他这么问的目的是什么、想从你的回答中得到什么。如果你以前是卖文具的，现在还卖文具，那还能说具有相关的经验，但如果现在是卖电脑产品，这个时候，投资人就会对团队能不能适应新的市场环境有一个疑问。

因此，你需要知道投资人最关注什么信息，从而做好准备。对于投资人来说，如果你的项目中有他想要的东西，自然而然就会把资金投进来。

从以往投资人支持的项目中不难发现，投资人一般比较关注这几个方面的信息，即团队信息、项目的各种信息和市场信息。

团队信息是指创业团队的信息，所以，你应当将创业团队的成员信息以及之前所获得的成绩归总一下，以防投资人提问的时候手足无措。

项目的各种信息是指在交流中，投资人会希望了解的项目当前的融资额度、完成进度以及资金使用情况等。

市场信息是指项目各方面的信息。投资人接触任何一个创业项目时，一般都想知道你的项目有什么市场前景和市场优势，因此，建议创始人要对市场有深入了解，收集全面准确的市场信息，同时在短时间内将细节讲述清楚，这有助于创业者获得投资人的认同，最大限度地争取到投资。

若只是根据市场调查公司提供的表格来解释原因是远远不够的。首先，你应该指出市场上现有的竞争者有哪些，他们之间有哪些比较优势；其次，你的产品卖点是什么，能让用户觉得"用不够"而不是"用得还好"的原因是什么，需要考虑清楚；最后，价格定位、商业模式创新、新产品/服务是否能在目标市场得到认可等，都需要向投资者说明。

借助于这些有代表性的问题，投资者可以了解到创业者的思路及其对产品的理解程度。企业家是开拓新的市场还是走前人老路，有没有诚意去深入挖掘产品各方面的价值，努力去宣传产品的创意，还是对产品感到不自信等都会表现出来。这个时候，拥有经验的投资者一眼就能看出来，你的项目值不值得投资。

我们要知道，只有诚意和实力才能打动投资人，拥有了这两点，你只需要在谈判的时候把重点信息传达给投资人，激发他们对这个项目的兴趣，那么离成功融资就不远了。

此外，在谈判的时候，我们难免会遇到投资人的质疑。不管你对自己的项目多么自信，但投资人并不了解你的项目，他可能就会有疑问，有不确定，甚至会和你说"我认为你设想的目标过于远大，根本无法实现"。这个时候，一定要去理解投资人，不要认为他什么都不懂。在创业路上，免不了被质疑，免不了受委屈，你要拿出耐心去说服对方，而不是反驳对方。不能因为愤怒而忘记了自己的目的，如果激怒了投资人，那么不仅你的事业发展受到了阻碍，更重要的是，投资人将永远也不会改变对这个项目的看法。无论从哪个角度来看，都是不划算的。

大家要知道，投资人大多经验老到，他们提出的每一个问题都是有原因的，都是为了更了解你的项目。投资人说到底也只是商人，没有人会放弃能够给他带来赚钱机会的项目，因此，即使投资人提出再千奇百怪的问题，都不要以为对方是在刁难你。投资人的时间可能比你还要紧凑，如果不是对你的项目感兴趣，他们有可能一个字也懒得和你说。

## 第五节　优信拍高管以个人魅力拿下高额融资

2011年8月，优信互联（北京）信息技术有限公司创建优信拍二手车在线拍卖平台。两年后，优信拍成功获得了来自君联资本、DCM、贝塔斯曼以及腾讯产业共赢基金等多家知名投资机构高达3000万美元的A轮融资。此后，优信拍又陆续获得了华平投资、百度领投、KKR、Coatue等投资机构跟投的1.7亿美元C轮融资，并由华兴资本担任独家财务顾问。

为什么优信拍能获得如此之多知名机构的关注和加持呢？这和他们的创始人，也就是CEO戴琨和CFO曾真两位高管有着直接的关系。

戴琨和曾真每一次和投资人谈融资时，即使投资人的问题很难解释，他们也会循循善诱，像老师教学生一样，把事情分析得很透彻，让非专业的投资人能够理解。此外，他们还擅长使用幽默的语言来解释问题，不时穿插一些有趣的片段，让投资人听了很开心。一些人甚至在解释为什么要投资优信拍时说："我太喜欢戴琨了，我要去投资他！"这虽然听起来很儿戏，但事实就是如此。可见，创始人的个人魅力对融资也很有帮助。

在和投资人的谈判中，建议大家可以根据以下几个方面来进行。

### 一、要有耐心处理疑虑

有耐心是一个企业家基本的能力和品质。在一定程度上，投资者的疑虑意味着他对这个项目感兴趣,而最怕的是投资人没有问题,当你谈完后,他只是说一句"谢谢你,我们回头再联系吧"。优秀的项目本身就是经得起推敲的,因此投资人怀疑的事情也不会太多,这时你更应该耐心地把自己看透的东西和投资人没看透的地方告诉他。

## 二、不要夸大投资的回报

在商谈的过程中,创业者和投资人往往会就企业的核心问题——财务预测进行交流。这时切记要实事求是,不要过分夸大投资的回报,否则就会增加投资人的疑虑。而一旦投资人在尽职调查中发现当时创业者许下的所谓收益只是随口说说,那么投资计划最终也会落空。

## 三、要根据投资人建议做出适当调整

如果在谈判过程中投资人对项目提出了一些建议,我们也可以在综合考虑以后做出适当的调整,当然,前提是不要触及公司的主要业务和发展方向。只要大方向不变,在某些小的方面是可以做出适当妥协的。像阿里巴巴和百度,在刚起步的时候,业务也是集中而单一的,但这并不影响他们的发展壮大,只要主要业务做到极致,一样能获得成功。

如果你在企业刚成立之初就什么都想做,那么注定是什么都做不成功的。要知道,全面发展只是一个伪概念,只有找准自己的能力所在,深耕下去,才可以发挥所长。因此,如果投资人在经过综合评估以后,觉得某些业务可以先放弃,那么这个意见对于企业来说是非常有用的，毕竟对于市场分析对方比你更专业。当然了，我们的底线是不改变企业的发展方向。

大家要知道，那些细分和聚焦的项目往往更容易成功。只有业务集中或者目标市场细分，才更容易盘活市场。

小米的创始人雷军曾说，小米是一个 5000 人的公司，有 3500 人做服务、1500 人做研发，没有生产，没有渠道。也就是说，小米聚焦研发和服务，专注于这两点，将其做到极致，才最终发展成为后来的互联网巨头之一。

除此之外，建议大家要多研究一些知名企业家的演讲，他们说的话大多精练而有干货，很少有废话。这些说话的方式不仅对融资有用，对于我们经商过程中的各种场合也都是有帮助的。

## 第六节　筛选靠谱且合适的投资人

融资是创业公司解决资金问题的重要手段，但是我们如何才能找到合适、靠谱的投资人呢？

一般来说，投资人可以分为下面几类。

**1. 专业的风险资本家**

通常是指以资本换取在企业资本投资的股权的人和机构，这类投资人往往资金充足。

**2. 实业企业家**

这些企业家自己是干实业出身的，有着各种商业上的实战经验，拥有不少的行业资源。

### 3. 成功创业者

这类投资人大部分是知名企业的创始人，他们曾经走过你现在正在走的路，最了解创始人的需求以及企业发展的需求。如果你能找到这类投资人，那么不仅能解决资金短缺难题，更重要的是找到了商业路上的人生导师。

### 4. 金融从业者

这类投资人大部分是从债权转型股权的人员，既没有足够的行业资源，也没有管理经验，不太推荐。

### 5. 大企业高管

这类投资人最大的优势在于曾做过大企业的管理工作，他们能够在一些商业思路、管理模式上为创业者提供专业的帮助。

了解了投资人的类型之后，我们再来讲讲什么才算是靠谱的投资人。

简单来说，靠谱的投资人不仅能给予企业资金上的支持，更重要的是能为你带来资源上的帮助，无论是企业运营还是后续融资，他们都会不遗余力地出谋划策，提供建议。现在人人都在找融资，而靠谱的投资人能够让你赢在起点，把其他竞争者远远地甩在后面。

不管是什么类型的投资人，在大部分情况下都是会专注于某个行业或某几个行业的，因此，创业者在找投资人谈融资合作之前，可以先通过网络去了解对方所专注的领域，这样不仅便于找到合适的投资人，也更容易获得对方的认可。

此外，靠谱的投资机构中，会拥有投资分析师、投资经理、投资总监、投资董事等专业人员，他们对于专业领域有着清晰的了解，在交流过程中也能帮助你对项目有更好的认识，内部推动投资也会更快。

那么问题又来了，靠谱的投资人要去哪里找？

第一，通过讨论、媒体报道等方式，吸引投资人关注。

第二，通过创业圈子内的朋友介绍其接触过的、评价较高的投资人。

第三，通过认识的投资人介绍其他投资人。

第四，选择合适的机遇，如路演大会、圈内座谈、投资活动等，为自己创造与创业者、投资人近距离接触的机会，以此收获靠谱的投资人。

而所谓合适的投资人，就是和你的想法一致的人。什么叫想法一致呢？从小的方面来说，对事业发展的认知、理解、判断或抉择要能达成一致；从大的方面来说，认定事物、辨别是非的取向要一致。

合作决策平台 Threads 的创始人卢梭·卡齐曾说："我们不仅是在打造产品，也是在打造一家公司。所以，找到一个与我想法一致、关心多样性和包容性、认可我的长处但也会鞭策我克服弱点的人很重要。"

找投资人并不是找朋友，也不是找伴侣，只要合得来，其他条件都不重要。不要觉得这位投资人和自己性格不合，就不和对方合作，那位投资人和自己玩得来，就可以和对方合作。任何合作，都应该本着求同存异的心态去进行，只要你们对于项目发展的想法是大致相同的，那么就可以进行合作。

建议可以同时找 2~4 家投资机构去谈合作，然后通过他们的反馈来看看自己有没有需要改进的地方。即便谈判都失败了，这些专业人士的意见也相当于给了你免费的指导建议，如果认真参考他们的意见，那么你后面的融资就会比较顺利。如果同时有几家投资人同意合作，那么就可以从中选出最懂你想法的、最支持你的那家。

这个时候，有些人可能会问，那我是不是应该同时和几家投资机构合作，这样拿到的融资资金就会更多？

同时和几家合作机构合作的情况，其实是很常见的，比如腾讯和百度这些知名企业，都是同时和几家投资机构合作。不过，总的来说，股东最好还是要少一点，因为这里面还涉及一个股权稀释的问题，而且与这些公司之间的沟通，也是非常浪费精力的。

此外，创始团队和投资人谈项目的时候，一是要选择合适的环境；二是不要说得面面俱到，要给投资人留出提问的空间；三是善于倾听，从倾听中理解投资人对项目的态度；四是投资人有疑问的地方，要用事实、数据说话，不要停留在理论上的争论；五是一定要敢于剖析、深入洞察，并反问投资人以后怎么才能帮助到自己的团队，而不是一味地被投资人牵着鼻子走；六是要向投资人寻求对整个项目的评价和建议；七是要让投资人感受到你的创业热情和激情；八是要告诉投资人你有过哪些成功的经验，如果你的商业经历过于单薄，也可以通过其他方面的优异表现来弥补不足。

总而言之，吸引投资人给你的项目投资其实很简单，只要把投资人当成你的消费者即可。站在消费者的角度去思考他们的需求，只要你满足了他们的商业需求，就能很容易地获得融资。简单来说，就是你要弄清楚投资人在想什么。

不过，在此要提醒大家，从你有投资意向到投资敲定的时间最快是三个月，有时候半年都不算长。如果涉及美元基金，还需要做 VIE 架构，也就是完整的公司架构，这个时间会更长。因此，建议大家要计算好公司的现金流，提前做好准备，不要等到钱都快用完了，才想起来去融资，那时就会非常被动。

# 第十五章　如何为企业估值

巴菲特曾经说过:"有一大堆企业,查理(即查理·芒格,巴菲特的黄金搭档)和我完全不知道该如何评估它们的价值,这一点也不会让我们烦恼。我们不知道可可豆或者卢布以后的价格走势,对于各种各样的金融工具,我们也不觉得自己掌握了对其进行估值的知识。我对许多企业的理解都不足以让我产生这种信心,不过有少数几家企业可以。幸运的是,就像你说的那样,我只需要真正懂几家企业就够了。"

可见,连著名的巴菲特都无法准确评估每一家企业的价值,更何况普通的创业者呢?不过从这句话我们不难看出,企业估值其实就是让投资人对你的企业产生信心的工具。既然是想让他人相信你,只给画饼是远远不够的,要通过方方面面来说明。

可以这么说,企业其实就是一个产品,而投资人就是消费者,融资的过程就是一个买卖的过程,你能卖出的价钱就是这个企业预估的价值。因此,企业估值是非常重要的,它在一定程度上决定着你的企业能卖出的价钱,以及投资人是否甘心掏钱买。换言之,能融到多少钱,就看你的企业估值有没有做到位,让投资人甘心掏钱。

此外,价格也是体现创业企业价值的最好载体,一家创业型的企业是否具备增长潜力和广阔的市场空间,在很大程度上看的就是这家公司的融资估值。

## 第一节　为企业做估值的窍门和秘诀

　　了解自己的公司或者股份到底值多少钱，对于创始人来说是一门基本功课。有些创始人说要融资，但是他连需要融多少钱都不知道，就只知道越多越好。而从投资人的角度来说，你如果不主动开个价，我凭什么要给你高价呢？明明 200 万元就能拿走你 20% 的股权，我凭什么要多给你呢？但如果你希望投资人给 500 万元，又拿不出什么有说服力的资料来证明你的企业值这个价钱，那么投资人为什么要相信你呢？我们买个大件的家用电器都要比价，更何况是上百万上千万的投资呢？可见，在融资过程中，学会估值是非常重要的，这也是你谈判的底气。

　　企业估值之后，你要先计算一下，大概要拿出多少股份来分给投资人。在这里，不少创始人会觉得投资机构占用了企业的股份，自己的股份被摊薄了，最终甚至创始人都无法控股。关于这方面，我们已经强调过不止一次，蛋糕只有分出去，才能获得资源去做更大的蛋糕。其实，有的时候，你的股份在不断地稀释，恰恰说明你的公司正在不断地发展。因为这往往反映着，有更多更强大的合伙人正在加入你的团队。

　　这个时候，有人就要问了，有什么公式可以帮助我快速地对企业进行估值呢？大家要知道，企业的价值永远是动态的，它无法像做数学题那样，只要把公式套进去就能得出答案。要学习一整套方法，才能对企业进行合理的估值，而不合理的估值会将投资机构拒之门外。可见，企业估值是一个很复杂的过程。

那么，什么是估值呢？所谓估值，就是为某件东西估算一个价值，比如你有一件商品，你想把它拿出去卖，就需要定一个价，随便你定1万元或者5万元都可以，但前提是要合理。

企业估值也是如此，而股票其实就是公司股权的一部分，是投资者索要收益分配的凭证。比如有一家服装企业，老板想要卖掉它，他说企业的投资资金是100万元，每年净利润是100万元，现在以1000万元出售。那么，这个要价你接受吗？

或许大部分人都不能接受，毕竟要价太高，而每年营收不太理想的企业不太符合这个价值。

那么，如何估价才是合理的呢？其实，业内对于合理估价并没有一套定论，大部分的主动权还是握在创业者的手上，创业者要根据企业的实际状况来定价，在不过度夸大的前提下，适度提升企业价值，都是合理的。

但其实大部分创始人都不太懂得怎么来估值，那么，接下来我们就来看看企业估值的时候有什么窍门和秘诀。

## 一、确定你要卖的价格

你要明确你需要拿到的融资金额，关于这一点，可以根据企业在某一段时间内需要的资金来定，这个时间段可以是半年，也可以是一年。这段时间，是你预估的企业能实现更高价值的时间。在这个预估的金额上，再乘以1.5，就是你的目标金额，因为你实际上需要的往往会比你预估的要高。

## 二、确定你能拿出的股权比例

股权比例就相当于诱饵，是吸引投资人投资的关键之一。这个比例一定要合理，因为它不仅决定了吸引程度，更决定着企业的股权架构是否合理，毕竟出让股权比例之后，还要考虑股权稀释的问题。而你肯定不会只融资一次，后续股权稀释的问题也得考虑。一般来说，单次融资，25% 以内的股权稀释是可接受的。

## 三、项目的市场规模和前景预估

关于这一点，需要咨询专业的市场分析师，如果分析师预估的市场前景较好，经济增长较高，那么你公司的估值就高。

## 四、和做买卖类似，价高者得

如果某样商品买的人多，那么这个商品就会在一定程度上产生溢价。融资也是如此，如果有几家投资机构对你的公司感兴趣，那么你的公司的市场价值也自然会随之增长。

在以往的融资案例中，我们常常发现被知名投资机构投资过的企业，会陆续吸引来一大批投资人，这是因为知名企业背书所产生的效应，连知名企业都投资了，那么人们自然就会认为有利可图。这意味着，如果你想持续获得投资，先找知名企业合作，就是第一步。

## 第二节　常用的估值方法

为什么我们要先给大家讲上面这些大的方面呢？这是因为在企业估值的时候，要站在大局的高度去考虑问题，毕竟企业估值不是让你真的去计算公司能值多少钱。在了解了这些大的方面的窍门之后，我们再来看看具体怎么给企业估值。

目前，常用的估值方法有博克斯法、自由现金流折现法、市净率估值法、市盈率估值法、市销率估值法等。

### 一、博克斯法

这是由经济学家博克斯首创的一种企业估值方法，适用于刚成立的企业，过程相当的简单，不需要去分析公司的业务增长模型、用户增长方式，只需要评估公司各个项目的指标即可。

这些被拆分的项目分别是：创意（100万元）、盈利模式（100万元）、优秀的管理团队（100万～200万元）、优秀的董事会（100万元）、巨大的产品前景（100万元），这些数值加起来，企业的预估价值就在100万～600万元之间。

这种方法虽然看起来很简单，但其优势是将初创企业的价值与各种无形资产明晰地展现了出来，也算是比较合理的。

## 二、自由现金流折现法

巴菲特曾经说过:"上市公司的内在价值就是该企业在其未来生涯中所能产生的现金流量的折现值。"这便是巴菲特的自由现金流折现法,是用来评估公司内在价值的重要工具。这种方法的基本假设是,一个公司的当前价值等于它在未来能带给投资人的现金流之和,但这些未来的现金流需要被贴现到今天的价值。

自由现金流是指企业在经营活动中产生的、在满足了再投资和运营资本需求之后剩余的现金流量,这部分现金可以用于偿还债务、发放股利或进行股票回购等。

自由现金流的计算公式一般为:自由现金流=经营活动产生的现金流量净额−资本支出。或者可以更详细地表示为:自由现金流=净收入+折旧与摊销−运营资金的变化量−资本支出。

这里需要注意的是,资本支出是指企业为了维持或扩大生产能力而发生的长期资产投资,而运营资金的变化量则反映了企业流动资产与流动负债之间的差额变化。

至于折现率,就是将未来现金流折算为现值所使用的比率,它反映了投资者对未来现金流的期望回报率。折现率的确定通常涉及多个因素,包括无风险利率、风险溢价、公司特定风险等。投资者可以根据市场情况和自身风险偏好来设定折现率。

在确定了自由现金流和折现率之后,就可以使用现金流折现公式来计算公司的内在价值了。这个公式一般表示为:公司内在价值= $\Sigma$〔第 t 年的自由现金流/(1+折现率)$^t$〕。

其中,$\Sigma$ 表示求和符号,t 表示时间年数。这个公式实际上是将公司未来每一年的自由现金流都贴现到今天的价值,并将它们相加得到公司的内在价值。

### 三、市净率估值法

所谓市净率，是指每股股价与每股净资产的比率。市净率较低的股票，投资价值相对来说较高；市净率较高的股票，投资价值则相对较低。

这种估值方法的计算公式为：市净率＝股价÷最近一期的每股净资产。

市净率估值法比较适用于净资产规模稳定的大型企业，比如钢铁、煤炭、建筑等较为传统的企业。

### 四、市盈率估值法

市盈率是指每股股价/每股收益（总市值/净利润），也就是说某只股票能值多少倍市盈率。其公式为：市盈率＝股价÷每股收益＝总市值÷净利润。

比如，一家总市值200亿元的企业，其年利润高达20亿元，那么在这种情况下的市盈率就为2。

要记住，股价下跌的速度越快，其市盈率下降得也就越快，在这个时候，股票的估值相对较低，如果在此时买入就非常划算。

此外，不同行业的市盈率会有较大的差异，我们在选择市盈率估值法对公司进行估值的时候，要针对企业发展的不同成长时期灵活运用。

## 五、市销率估值法

市销率是指企业股权价值与年销售收入的比值，也就是每股价格除以每股销售收入所得。其公式为：市销率＝每股价格÷每股销售收入。

如果得出的市销率越小，投资价值就越高。这种估值法不会出现负值，即使是已经亏损或者资不抵债的公司，通过这个公式也能够得出有价值的数据。这种企业估值法最常用于服务类企业或者较为传统的企业，而且只能适用于同行业对比，不同行业的市销率是没有对比意义的。

看到这里，你或许对企业估值有了大概的了解。所谓企业估值，其实就是通过企业现有的价值，再加上未来的价值预测，来评估一家企业的发展。

上面这几类企业估值方法，我建议从事传统制造行业的公司，可以以市净率估值法为主，市盈率估值法为辅；而从事服务业的企业，一般以市销率估值法为主，市净率估值法为辅；至于最需要融资的互联网企业，则可以以市场份额为远景考量，以市销率估值法为主。

作为创始人，在进行企业估值的时候，不需要精确到小数点，而只要有个大概的数字即可。大家要知道，企业估值的最终目的是告诉投资人企业的价值，而企业的价值最终是由其创造的利润来决定的，所有的估值都应该紧紧围绕着"利润"二字来做。因此，我们在为企业做估值的时候，不能过于夸大，也并不是估值越高越好，如果企业后续的盈利不太理想的话，那么估值过高就会产生负面作用。

在行业内，我们常常能见到一些人，走进了"融资估值越高越好"的误区中。想要融到更多的钱，这一点无可厚非，但如果公司估值过高，那么投资人对企业的要求也会更高，定下的盈利目标也更高，甚至高到无法实现，这对于管理者而言是非常不利的。这就是所谓资本杠杆效应。

而且，过高的估值也会吓退不少投资人，到最后企业不得不重新下调估值。想想看，如果你在逛商场的时候，看到一件商品定价特别高，能买得起的人很少，因为这个价格，让人们心里产生了一种它很高档的想法。后来由于卖不出去，商家打折出售，那你还会觉得这件商品高档吗？同样，如果前面定价过高而找不到投资人，后面再降价，其实是一种很"掉价"的行为，会让后面的投资人怀疑你公司的价值。

此外，过高的估值还会提高你下次融资的门槛。所以，我常常告诫公司的管理者，在进行公司估值的时候要实际一点，要与项目的发展阶段相匹配，同时要合理。

我建议的一种做法是，创始团队在拿到了合理估值的融资资金后，要在提高资金使用效率的同时，专注提高业务能力，在有了更好的实力以后，下一次融资自然能获得更高金额的投资。

## 第三节　森马服饰站在大局角度做企业估值

如果是对森马服饰有所了解的人，可能会知道他们的产品主要可分为两大类：一类是以巴拉巴拉品牌为主的童装业务；另一类是以森马品牌为主的休闲服饰业务。

巴拉巴拉作为国内知名的童装品牌，市场占有率高达5.6%，而且这个占有率一直还在持续提升。根据其对外公布的年报显示，2018年，其童装毛利率高达42.23%，2019上半年毛利率更是高达49.16%。由此可见，巴拉巴拉童装品牌是森马服饰的优质资产，市盈率即使定为20～25也完全合理。

2018年森马服饰总的净利润为16.9亿元，巴拉巴拉主营利润占比59.6%，森马休闲服饰主营利润占比40.4%，这样算下来，巴拉巴拉净利润约为10.1亿元，休闲服饰净利润约为6.8亿元。因此，巴拉巴拉的估值为200亿～250亿元。

森马休闲服饰虽然在行业内的对手不少，比如优衣库、Zara、HM等，都是实力非常强大的对手，但我们站在整个高度来看，2018年童装行业总销售额是1597亿元，而休闲服饰行业总销售额却达到7376亿，是童装行业的近5倍。因此，就整个大的市场来看，休闲服饰的发展空间又比童装大，森马休闲服饰的市盈率在10～12之间浮动。那么，森马休闲服饰的估值就为68亿～81.6亿元。综上，森马服饰估值区间为268亿～331.6亿元。

说到这里，大家有没有什么启发呢？你可以发现，同一家公司的不同业务板块，不能单单考虑其盈利能力，还要站在市场的高度去分析。具体来说，就是要根据其行业地位、品牌影响力、盈利能力、管理层诚信度及能力、负债率、现金流等情况，进行综合考虑，才能得出适当的市盈率区间。

不过，关于市场估值，巴菲特曾经说过一句话："模糊的正确远远胜过精确的错误。"因此，我们在进行市场估值的时候，不需达到精准，只要追求"模糊的正确"即可。同时，企业估值也要讲究循序渐进。

以阿里巴巴为例，它在刚开始做融资的时候，也没有把估值做得很高，阿里巴巴的市场价值是随着它的实力而逐渐提高的，从开始的500万美元到2000万美元，再到后来的8200万美元，等等。从在香港联交所上市，到退市在美国上市，在不断融资的过程中，阿里巴巴的市场价值也在不断地提高。

当然，要想把估值做好，仅仅知道上述几种方法、几个公式是远远不够的。估值管理需要权衡多方利益，选择有效的估值工具，最终让交易双方都满意。

最后要特别提醒的是，任何估值方法都首先是建立在对企业的理解之上的，企业的经营是动态的，企业的品质永远是放在第一位的，而决定企业品质的最关键因素，又是这家企业的大股东和管理层的能力、道德水平。所以我们应该优先选择好的企业、好的企业家，然后才是进行静态的估值。

## 第四节　融资条款的重点是对赌协议

管理大师德鲁克曾经说过：效率就是"以正确的方式做事"，而效能则是"做正确的事"，对企业而言，不可缺少的是效能，而非效率。

经商过程中，如果做事没有抓住重点，即使方式对了，但是力道不集中，效能就不会高。那么，怎么才能真正实现"做正确的事"呢？很简单，抓住要点。

运营企业和写作文一样，如果没有围绕主题来写，这里写一句那里提一下，看似没有离题，但实际上很容易偏离方向。只有紧紧围绕主题来写，才能写出高分作文。而企业运营的要点之一，就是主题。

股权融资作为企业运营常见的手段，也是如此。大家都知道，对于大部分没有背景、缺少资金支持的创业型企业来说，发展到一定阶段，如果想要得到更进一步的发展，少不了各种资源的加持，而股权融资对于这些企业来说，就是最好的选择之一。不过，股权融资这条路并非坦途，我们只有抓住其要点，才能达到事半功倍的效果。

股权融资有哪些要点？很简单，根据前面几章讲到的内容，不难发现，股权融资的几个要点无非是融资模式、融资条款、退出机制、股权架构等。

为什么说我们在做股权融资之前，要先了解清楚这些要点呢？以几大互联网企业阿里巴巴、腾讯等为例，如果你研究过他们的股权架构，就会发现，他们的创始人都不是企业内部的最大股东，但这并未影响到这些创始人对于企业内部的话事权。

究其原因，就是因为他们对股权融资了解得比较透彻，尽管这些企业在融资时都出让了大部分的股权，但由于他们把股权融资的几大要点都做到位了，所以企业的大权实际上还是掌握在自己人手上。

这些企业形成这种股权格局，都是有其历史原因的。

首先，这些企业在面临资金短缺时，国内的投资机构尚未成熟，还没有人能慧眼看见互联网行业的广阔前景，投资重点还放在传统的行业中。

其次，国内的相关法律条款方面有所限制，对融资的约束条例不少，于是他们不得不选择海外资本和赴境外上市。

当我们找到投资机构之后，制定合理的融资条款成为保障双方利益的基础，大家必须要重视起来。在国内的企业中，并不缺乏被投资人因为没有重视融资条款而栽了跟头的教训。

融资条款应当涵盖这些内容：优先股权条款、业绩对赌条款、一票否决权、反稀释条款、回购权、共同出售权、领售权、优先购买权、清算优先权等。

在这里，我们重点讲一下对赌条款。所谓对赌条款，是指在投资协议里的估值调整机制，它能够保障投资人预防或者避开投资中的风险，也可以理解为一种期权。

最常见的对赌条款模式是，投资机构和创始人团队之间约定好未来几年要达到什么样的业绩目标，如果完成这个目标，投资机构会给予创始人团队什么样的奖励，如果没有完成目标，创始人团队则需要给投资人什么补偿等。

此外，还有另一种常见的条款是约定上市时间，如果在规定时间内创始人团队没有完成上市，也需要给投资机构一笔赔偿。

这些都是比较常见的对赌条款，当然，不同的投资机构对于企业也会有不同的要求，但无论对赌条款具体都有哪些，都是对创业团队的一种考验，也是他们要面临的巨大挑战。

对赌条款对于创始人团队最大的影响，就是如果无法完成业绩目标，则需要补偿一大笔钱，有时候这笔赔偿金额甚至比投资机构的投入还要高。如果只是赔钱那还不算太坑，有些投资机构还会要求赔偿股权，如果把大部分股权赔偿出去，创始人团队就会彻底失去企业的控制权，最终很有可能会出现"鸠占鹊巢"的局面。

在创业初期，创业者一般都相信企业的发展，即使是一些不太合理的要求也可能会盲目地接受，而忽略了企业内部发展中可能会遇到的阻碍，以及外部经济环境的变化影响。如果对企业发展状况过于理想化，那么往往会导致无法实现对赌条款中的要求。而且，为了实现投资机构的高绩效目标，创始人通常会在人力和资本方面疯狂扩张，导致企业的发展计划受到破坏，使企业无法处理或调整其商业模式中的某些错误或战略，最终将企业推进泥潭。

创业者该如何避免这些风险呢？有一个简单的做法，就是要尽量避免与投资者签订对赌协议，尤其是在企业早期融资的时候。一方面，当前许多创业公司在创业初期甚至中期都不一定能实现盈利，约定业绩对赌并不现实；另一方面，对赌协议会给初创企业带来过大的压力，不利于企业的发展。目前市场上已经有不少这样的例子，比如某些知名的投资机构就已经明确表示，不会再和创业公司签订对赌协议。

与此同时，创始人应该注意不要在融资时高估自己的价值。投资者使用对赌条款的目的是来控制投资风险，如果公司估值合理，让投资人相信风险较低或者能够被避免，就不会坚持添加对赌条款了。但如果投资者坚持要签对赌条款，那么创始人在追求相对合理的业绩目标时也应慎重考虑，谨慎行事。只要有利于企业的成长，我相信投资者的态度会更加开放。

## 第五节　制定合理的退出机制

古语云："流水不腐，户枢不蠹。"任何事物有进就有出，股权融资也是如此，在制定融资方式的同时，也要制定好合理的资产退出机制，才能让企业资金得到有序的流动，也可以避免很多不必要的纠纷。

正如股权激励计划需要建立有序而稳定的退出机制那样，股权融资也需要建立一个平稳有效的退出机制。退出机制是投资者在决定投资企业之前就要考虑的问题，也是最重要的问题之一，它关系到投资者能否实现投资效益最大化。大部分投资者退出，都是通过资本市场来实现的，即投资者持有股票到企业上市，然后在合适的时间将持有的股票以一定的市场价格出售获利，例如由企业、大股东回购或转售给新投资者。

股权融资的退出机制是否完善和合理，直接决定着投资机构能否做出正确的决策，在一定程度上也决定着企业融资能否顺利完成。只有建立完善而合理的退出机制，才能使企业股权保持持续的流通性。如果没有完善好退出机制，那么当企业经营不善无法实现上市，或者上市后面临退市风险等状况时，就很容易出现争端。

在学习如何制定股权退出机制之前，大家先来了解一下什么是股权退出。所谓股权退出，是指投资机构或个人在其所投资的创业企业发展相对成熟后，将其持有的权益资本在市场上出售以收回投资并实现投资收益的过程。退出也是股权投资的终极目标，更是判断一个投资机构盈利指标的重要参考。

依据《公司法》及相关司法解释的有关规定，公司股东退出方式包括股权转让、公司减资、要求公司回购、解散公司、破产清算、法院判决解散注销公司、撤资退出、被合并注销等。此外，还有一些公司会通过IPO、并购、新三板挂牌、借壳上市等方式来实现资金套现，获益退出。下面为大家逐一讲解。

## 一、股权转让

股权转让又可以分为对内转让、对外转让、按公司章程的规定转让以及股权对外投资 4 种方式。

**1. 对内转让**

《公司法》第七十一条第一款规定，"有限责任公司的股东之间可以相互转让其全部或者部分股权。"股权在股东间进行转让，没有新的股东加入，变更的只是股权比例，所以这种股权转让方式不会损害有限公司的人合性，只要双方同意就可以。这样不受太多限制，是股东退出投资、退出公司最和谐的方式。

**2. 对外转让**

《公司法》第七十一条第二款规定，"股东向股东以外的人转让股权，应当经其他股东过半数同意。股东应就其股权转让事项书面通知其他股东征求同意，其他股东自接到书面通知之日起满三十日未答复的，视为同意转让。其他股东半数以上不同意转让的，不同意的股东应当购买该转让的股权；不购买的，视为同意转让。"

通过这种退出投资的方式退出公司，主要的一点是必须得到股东以外的人的同意，以获得股权。有了这一前提条件，才能要求其他股东要么同意新股东加入，要么自己购买股份。

**3. 按公司章程的规定转让**

《公司法》第七十一条第四款规定："公司章程对股权转让另有规定的，从其规定。"股权转让行为是一种商事行为，法律应当尊重当事人的意思，即公司章程可以对股东之间的股权转让以及股东向股东以外的人转让股权作出规定。也就是说，当公司章程对股权的转让作出不同规定时，应按照公司章程的规定进行。

**4. 股权对外投资**

依据《公司注册资本登记管理规定》相关规则规定，确定股权可以作为出资的条件。股权对外投资，需要将股权转让给投资标的公司，实质上已经发生了股权转让的行为。但是，不同于一般的以货币为对价的股权转让，公司股东只持有公司的股权，不能获得现金回报。

### 二、公司减资

所谓公司减资，是指公司以较少的注册资本购买股东出资，从而实现股东退出。这样做的好处是无须另外筹集购买股权的资金，但需要公司其他股东的同意和合作，因为公司减资至少需要三分之二以上股东的同意，同时，公司减资的程序也比较复杂，需要编制资产负债表、财产清单以及与债权人协商债务偿还或担保事宜等，而且周期较长。因此，比较适于公司其他股东合作，且公司本身不承担债务或无负债的情况。

### 三、IPO 上市

所谓 IPO，是指首次公开发行股票。当企业发展到一定阶段之后，就可以在证券市场挂牌上市，让私募股权投资资金实现升值，同时把资本撤出。而公司上市又分为境内上市和境外上市两种：境内上市一般是指在深交所或者上交所上市，而境外上市一般是指在港交所、纽交所和纳斯达克等区域上市。

在公开发行股票之后，投资机构就可以把手上持有的股票以高价抛售从而获得高额的收益。由于上市之后企业的股价能得到很大的升值，因此近几年在国内引发了上市热潮，这也成为不少中小型企业获取资金的最佳选择之一，为了套取巨额资金，这些中小型企业跟风上市，造成了现在上市公司的实力参差不齐的局面。当然，对于不少真正有抱负和理想的企业来说，上市的确能够帮助其得到进一步的发展。

由于在境内上市的标准较高，手续也较为繁复，因此大部分中小企业都会选择在境外上市。但无论是选择在境内上市，还是在境外上市，IPO的退出方式相较于其他的形式来说，对企业的资质要求都较为严格，手续也很烦琐，退出的成本较高。

据2016年的数据显示，企业IPO的成本平均为4500万元。同时，企业在IPO之后还有一定时间的禁售期，这也会导致企业的收益在这段时间内不能快速变现或推迟变现。

### 四、并购退出

所谓并购，是指一家公司通过购买同行或其他企业的全部或部分股权(或资产)，来干涉或者控制这些公司的经营管理。

并购退出最大的优势在于，不受上市的种种条件限制，过程比较简单，花费的时间成本较低。而其最大的劣势在于，通过这种形式退出得到的收益要远远低于上市退出，同时退出的资金成本也较高。此外，并购退出还容易失去企业的控制权。

不过，可以预见，并购退出在未来几年内会成为大部分企业选择的退出方式。因为新股发行依旧趋于谨慎状态，过去利用上市来快速套现的方式已经不再适用，相对来说，采取并购方式能更快地实现退出。而随着行业日趋成熟，并购也成为整合行业资源最有效的方式。

# 【案例】腾讯花大价钱并购Supercell

2016年，腾讯花费566亿元巨款收购了芬兰知名手游企业Supercell高达84.3%的股权，可谓腾讯史上投入最大的一次并购，而腾讯由此获得了什么呢？

腾讯凭借此次并购，从中国互联网知名企业变身为全球游戏巨头。Supercell旗下虽然只有《皇室冲突》《部落战争》《海岛奇兵》《卡通农场》这4部游戏，但其仅凭这4款游戏就实现了高达1557亿美元的营收。

相信大家都知道，腾讯自己也是做游戏的，而且做得还不错，那为什么还要大费周章去收购其他的游戏企业呢？我们来看一组数据就明白了：2015年腾讯手游的收入为213亿元，但Supercell凭借几款游戏，就达到了腾讯近72%的收入。而在2015年，腾讯改变了收入计算规则，把独家代理手机游戏和第三方开发商的收入分成以及渠道费用确认为收入，如果扣除这部分，这个比例可能会更高。

## 五、新三板挂牌

近几年来，在交易市场上，较为流行的退出方式还有新三板挂牌。如果你对国内市场有一定的了解，就会发现，现在市面上的新三板挂牌数和交易量已经呈现出了井喷之势，很明显，新三板挂牌已经成为中小型企业热衷的退出方式。

中小型企业之所以选择这种退出方式，主要是由于相对于其他几种退出方式来说，新三板挂牌有以下优点：新三板市场化程度较高且发展很快；新三板市场机制相对主板市场更为灵活、宽松；新三板挂牌条件相对宽松，时间短、成本低；有国家政策的大力支持。

## 六、借壳上市

我们经常能听到一个词，叫借壳上市，虽然听起来不太专业，但其实这种退出方式已经被非常多的企业应用过。所谓借壳上市，就是指一些非上市公司通过收购业绩较差、筹资能力较弱的上市公司，实现被购公司资产的剥离，趁机注入自己的资产，从而实现间接上市的操作手段。

借壳上市最明显的优势在于，排队上市的时间相对较短，只要具备全部资格，半年内就可以完成审批程序，借壳上市的成本方面也少了巨额律师费用，且不需要披露企业的各项指标。

借壳上市的劣势在于容易产生一些负面问题，比如容易滋生内幕交易、壳资源价格过高而破坏估值基础、削弱现行退市制度等。

大家不要以为借壳上市是一些小企业套现的手段，其实，不少知名企业也有过借壳上市的历史。

2016 年，大杨创世发布公告称，公司拟以 7.72 元 / 股向圆通速递全体股东非公开发行合计 22.67 亿股，作价 175 亿元收购圆通速递股权。

公告显示，大杨创世拟将全部资产与负债出售予圆通速递的控股股东蛟龙集团和云锋新创，拟通过向圆通速递全体股东非公开发行 A

股股份，购买圆通速递100%的股权。经过本次借壳上市之后，大杨创世的控制权将发生变更，蛟龙集团将成为上市公司的控股股东，圆通速递也一跃成为上市公司的全资子公司。

圆通成功借壳上市之后，其股权也快速升值，成为快递行业的第一股。中国快递第一股的争夺战，也正式开始打响。有了圆通借壳上市的模板，在此后的几年内，顺丰和韵达也相继通过向上市公司"借壳"，实现了跳跃性的发展。

## 七、回购退出

回购一般分为管理层收购与股东回购两种方式，都是企业经营者或所有者向直接投资机构进行股份回购。整体来看，这种方式的退出收益率低但较为稳定，一些股东甚至以偿还类贷款方式进行回购，总收益率低于20%。

对于企业来说，回购退出可以保持公司的独立性，避免由于创业资本的退出而给企业经营带来巨大冲击；对于投资机构来说，通过管理层回购退出创业资本的收益远低于IPO方式，同时要求管理层能找到良好的融资杠杆，为回购提供资金支持。一般情况下，这种方式适用于经营日益稳定但已上市无望的企业，创业投资公司根据双方签署的投资协议，将自己的股份转让给被投企业的管理层。

## 八、清算退出

对已经确认项目失败的创业资本，应尽早采用清算方式退还，以便尽可能多地收回残余资本，其运作方式可分为损失清算和损失注销。

在企业破产前，清算也是一种止损的方法，并非所有投资失败的企业都会进行破产清算，而申请破产和清算是要花费费用的，并且要经过漫长而复杂的法律程序。

破产清算是不得已而为之的做法，优点是仍能收回部分投资，缺点是该项目投资亏损，资金收益为负。

那么，企业该如何制定合理的退出机制呢？

**1. 提前约定退出机制，管理好合伙人预期**

提前设定好股权退出机制，约定好在什么阶段合伙人退出公司后要退回的股权及退回形式。创业公司的股权价值是所有合伙人持续长期地服务于公司赚取的，当合伙人退出公司后，其所持的股权应该按照一定的形式退出。这样做，一方面对于继续在公司里做事的其他合伙人更为公平，另一方面也便于公司的持续稳定发展。

**2. 股东中途退出，股权溢价回购**

退出的合伙人的股权回购方式只能通过提前约定的进行，退出时公司可以按照当时公司的估值对合伙人手里的股权进行回购，回购的价格可以按照当时公司估值的价格适当溢价。

**3. 设定高额违约金条款**

为了防止合伙人退出公司却不同意公司回购股权，可以在股东协议中设定高额的违约金条款。

**4. 要提前设计股权稀释比例和控制权方案**

一般来说，大部分企业都需要经历数年才能达到上市标准，在这段时间内，为了保持公司的持续发展，创始人需要数次引进机构投资者，经历数次的股权稀释，而之后他可能就不再是大股东了。如果创始人不能控制公司的方向、战略、运营模式，那么在发展的过程中，公司就有可能被投资机构夺走。

如何既能对公司进行控制，又能进行股权融资，一直是《公司法》在不断修正完善的一个重点。根据这一命题，股权稀释中保持公司控制权的实质是："将有表决权的股权留在创建者手中，然后再用没有投票权或投票权较少的股票进行融资，投资人几乎没有决策权，但收益权相等。"

在创业融资过程中，股权稀释是一个必须要面对的问题，快速或过多地稀释会使自己丧失对公司的控制权，而不愿进行稀释或过少地稀释，就不足以得到投资人的信任。所以，身为企业家，一定要弄清楚股权稀释这个问题。

那么，我们该如何设计股权稀释的比例呢？

一个成功的公司，在其上市之前可能需要4~5轮甚至更多轮融资。一般而言，首轮融资主要是由天使投资人投资，投资规模一般在200万~2000万元之间，而公司则提供约15%的股权。如果初创企业经过天使轮融资之后发展得还不错，那么接下来就很容易获得风投，早期的风投资金一般在2000万元以上，公司将会提供20%~30%的股权。接下来的几轮融资，规模就可能从5000万元到数亿元不等了，直到公司上市。

建议在首轮获得天使投资的时候，不要让出过多股权。有些企业为了吸引投资人，可能一下子会给到20%，这是非常危险的做法。虽然股权比例与投资方对项目的估值和投资金额有关，但一般情况下公司转让的股权在天使轮阶段应保持在15%左右，否则创始人将会发现自己的股权被迅速稀释，并在A轮之后失去绝对控制权。

**5. 议事规则要提前制定**

如果把公司章程比喻成公司的"宪法"，那么议事规则就是为

"宪法"的实施保驾护航的"程序法"。

开会已成为企业日常管理的家常便饭，但是，这次会议是否公平，是否能解决实际问题，却是困扰公司管理层的一个难题。而制定一整套行之有效的议事规则，就能够有效地解决这个难题。

议事规则是一整套成文的规则，是被企业内部会议组织正式承认的。一旦这套规则生效，那么组织会议的时候就必须遵循规则所制定的程序，同时，议事成员也必须承担规则中写明的责任。制定议事规则的目的和意义，主要是保证会议的公平和效率，同时为解决程序上的分歧提供方案。

可以说，公司治理离不开议事规则，议事规则既是规范会议流程的条例，也是约束人性、减少争议的法宝，为企业目标的实现提供合理的保证。

在制定议事规则的时候，要根据企业的治理架构来进行，比如公司董事会的功能架构，同时要参考股东的权力等方面。在议事规则中，还要规定好有关企业控制权和剩余索取权分配的一整套法律、文化和制度性安排。不要以为议事规则是没有用的文书资料，在一些重要的会议上，它往往能发挥出最大的作用，比如上市公司的股东大会、董事会议事等。而不同的会议，也应该有其不同的议事规则，不能只用一套通用的议事规则。

股东会是公司非常重要的权利机构之一，《公司法》对其议事规则进行了规定，主要包括股东会的召集、决议方式、表决权的行使等。我们就以股东会为例，来看看要如何制定股东会的议事规则。

首先，股东会的召集流程为：由董事长主持，如果董事长因故不能主持时，则由副董事长主持；而副董事长因故不能主持时，则由半数以上董事共同推举一名董事主持。如果以上这些方案都不能实现，则由监事召集和主持。此外，还可由拥有一定表决权的股东自行召集和主持股东会。

其次，股东会的决议方式可以设定为定期会议和临时会议。近年来，根据《公司法》规定，又增加了一种决议方式，即股东通过书面形式一致表示同意后，可以不召开股东会直接作出决议，并由全体股东签字盖章。这一决议方式的确定，减少了股东大会的经济和时间成本，提高了公司的运作效率。更为重要的是，实践中多数公司通过这种方式形成的股东会决议同样具有法律效力。

此外，按出资比例行使表决权不再是股东会的唯一表决方式，根据《公司法》规定，公司章程可以规定股东会的议事方式和表决程序。变更公司章程、增减注册资本，以及合并、分立、解散或变更公司形式的决议，须经代表三分之二以上表决权的股东通过。公司章程可以规定其他事项的通过标准，比如有代表二分之一表决权的股东通过即可。

了解了前面提到的这些股权融资中的要点，大家是否得到了不少启发？

一般而言，一个企业要么是在起步阶段进行融资，要么是在成长阶段进行融资，或者是在相对稳定的时期进行融资。基金投资的阶段不同，有专门的中期投资，有早期投资，也有早中期投资。早期项目被定义为天使型的，早中期项目被定义为风投性质的，中期项目被定义为PE性质的，只是称呼不同而已。可以肯定的是，资金方有投资偏好，融资方也有不同的阶段，需要寻找不同偏好的资金方自己去匹配，决不能把顺序和主次打乱。

# 后 记

经过这几章的讲解，相信大家对于股权融资已经有了一个较为全面的了解。俗话说："水能载舟，亦能覆舟。"如果能够正确地使用股权融资，就能让企业得到资金和资源的双重支持，但如果不能正确地利用它，也可能会起到负面作用。大家要记住，资本永远是逐利的，在企业成功获得融资资金之前，一定要全面规范融资过程中的各项条款和约定，同时设置好合理并适用的股权架构。这样，才能让企业得到长远的发展。

其实，股权融资就是通过把蛋糕分出去，来获取做大蛋糕的资源，吸引更多的人来一起把蛋糕做得更大。但是，如何合理地去分蛋糕是一门不小的学问，分得不合理的话，不仅会引起争端，还会导致得不偿失。

目前，无论是从国家层面还是整个大的市场环境来看，对于股权融资都是相对利好的。首先，国家陆续出台了不少政策，以支持企业走上股权融资的道路；其次，从目前财富热点的角度来说，股权融资已经日趋成为企业融资的最佳选择，是融资时间最短、最有效率的方式之一。可以说，中国已经进入做股权融资最好的时代。

现在，中国有近5000万家中小型企业，其中，整体上市公司只有4000家左右，未来还有大量的IPO机会，以及大量的投资机会，围绕股权投资的机会将会越来越大，如果大家选对一个好的投资机构，赚钱和跑赢GDP增长率的可能性将会大大增加。也许下一个5年，你会看见中国的资产市场将成为世界上最好的资本市场，世界上最好的企业将在中国上市，其中也可能有你的企业。